8° R
17502

MATHILDE SALOMON

à nos Jeunes Filles

Paris
LIBRAIRIE LÉOPOLD CERF
12, RUE SAINTE-ANNE

1894

LECTURES

ET

LEÇONS FAMILIÈRES DE MORALE

PREMIÈRE ANNÉE

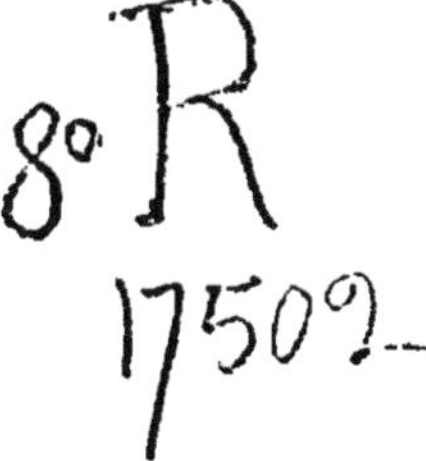
8° R
17502

A NOS JEUNES FILLES

LECTURES

ET

LEÇONS FAMILIÈRES DE MORALE

D'après le programme
des Écoles primaires supérieures de jeunes filles (1893)

PAR

Mlle MATHILDE SALOMON
Directrice du Collège Sévigné
Membre du Conseil supérieur de l'Instruction publique

DEUXIÈME ÉDITION

PARIS
LIBRAIRIE LÉOPOLD CERF
12, RUE SAINTE-ANNE, 12

1896

Tous droits réservés

BN. M. 97070

PRÉFACE

Il est plus difficile, a-t-on dit quelquefois, de connaître son devoir que de le faire. Ce ne sont pas pourtant les préceptes qui font défaut. Depuis que l'enseignement de la morale a été placé en tête du programme d'études de nos écoles, toute une bibliothèque de bons livres ont paru sur cette matière ; pour trouver des guides pleins de sagesse, maîtres et élèves n'ont que l'embarras du choix et si la science du devoir n'est pas encore profondément empreinte dans l'âme de la jeunesse, ce n'est pas faute de tentatives et d'efforts auxquels des hommes éminents, quelques-uns illustres, ont attaché leur nom.

Pourquoi l'auteur de ce petit livre a-t-il eu la hardiesse de venir après eux offrir ses conseils aux jeunes filles de nos écoles primaires et d'espérer qu'ils ne leur seraient pas inutiles? C'est qu'une longue expérience de la jeunesse féminine lui a appris, sinon à employer le langage qui la persuade, du moins à éviter celui qui, s'adressant à la raison seule, risque de ne pas pénétrer dans le cœur. Or, chez nos jeunes filles, rien n'est fait si l'on se contente de convaincre sans avoir en même temps persuadé.

Rien de plus beau, de plus grand que l'idée du devoir absolu, qui est parce qu'il est, devant lequel tout doit plier, qui commande impérieusement et ne donne de ses ordres qu'une seule raison : il faut faire le bien parce que c'est le bien. Mais les enfants peuvent-ils facilement s'élever à ces hauteurs? N'auront-ils pas un peu froid sur ces cimes? Même si vous lui traduisez les mots, une petite fille comprendra malaisément « l'impératif catégorique ». Admettons qu'elle retienne la formule, comme un verset de son catéchisme. Une formule deviendra-t-elle une règle de conduite, des mots, si heureusement trouvés qu'ils soient, pourront-ils lutter contre les violentes impulsions de la vie?

Qu'on s'en réjouisse ou qu'on le déplore, il est un fait indéniable : c'est le sentiment qui mène notre monde. C'est donc l'éducation du sentiment qu'il faut entreprendre, surtout chez les jeunes filles. Cette éducation est-elle possible? Le sentiment peut-il être réglé, en quelque sorte canalisé, soumis aux lois de l'austère justice? Peut-on, en lui frayant une large route, changer en une force bienfaisante, le torrent bouillonnant qui pouvait être un principe destructeur?

On peut chercher du moins à éveiller la pensée, à faire réfléchir l'enfant sur sa vie de chaque jour, telle qu'il la voit, la sent, l'aider à en découvrir le sens en lui apprenant à regarder en lui-même et autour de lui, montrer à la jeune fille qu'elle est destinée plus spécialement à soulager les peines, à répandre autour d'elle la douceur et la paix. Ni la science, ni les théories philosophiques ne sont nécessaires à cet enseignement; il y faut l'expérience, l'habitude de l'observation, la connaissance approfondie des enfants qu'on acquiert quand on les aime. Car cet amour-là n'aveugle pas; il ajoute au contraire à la clairvoyance; nous ne connaissons bien que ceux qui se sentent aimés de nous, parce qu'eux seuls se montrent à nous tels qu'ils sont. A ces conditions, la leçon de morale pourra devenir une causerie où l'enfant aura sa part, prendre un caractère familier, intime, affectueux qui la distingue de toute autre leçon et dont le charme se reflètera peut-être sur les préceptes eux-mêmes. Prise dans la vie plutôt que dans les livres, la leçon aura chance d'être plus vivante, de pénétrer plus avant. Le bien et le bonheur, tout au moins la paix de l'âme, vont plus souvent de compagnie qu'il ne semble à première vue. Si l'on arrivait à imprimer cette vérité dans le cœur de la jeunesse, on aurait bien employé sa vie.

A NOS JEUNES FILLES

LECTURES

ET

LEÇONS FAMILIÈRES DE MORALE

I

But de l'éducation morale de la jeune fille. Conditions de la vie honnête : connaître son devoir, l'aimer, avoir la force de le remplir. La conscience.

Mes enfants, vous venez à l'école pour apprendre à bien vivre. Toutes vos leçons tendent vers ce but, plus ou moins directement. C'est bien pourquoi vous entendez dire qu'à l'école « on élève » la jeunesse ; on la prépare, en effet, pour une vie plus haute, aussi complète, aussi utile, aussi belle que possible. A quelles conditions la vie de chacune de vous sera-t-elle complète, utile et belle ? C'est ce que nous allons tâcher de trouver.

Toutes, vous désirez être heureuses ? Voilà une de ces questions dont on n'a pas besoin d'attendre la réponse. — Si l'on vous disait : Il existe une science du bonheur ; on peut apprendre à embellir sa vie, la vie de ceux qu'on aime, avec quelle ardeur ne demanderiez-vous pas à étudier cette science, à vous en pénétrer profondément, à la mettre en pratique sans retard ! Eh bien, cette science existe ; elle s'appelle la morale et fera le sujet de nos entretiens.

Elle est fondée sur de savants principes, sur des règles philosophiques que nous n'aurons pas l'ambition d'approfondir ; nos visées seront plus modestes. Puisqu'il y a un art de bien vivre, nous tâcherons de le comprendre pour nous en servir ; pour y réussir ce ne sont pas les ressources qui manquent ; la grande difficulté est de savoir les employer.

Chacune de vous, naturellement et sans la moindre étude, recherche ce qui lui paraît agréable, évite de son mieux ce qui est désagréable, mauvais ; voilà qui semble tout simple et ne l'est pas autant à la réflexion.

Pour arriver à ce qui plaît, il faut passer quelquefois par un chemin qui ne plaît pas ; la recherche d'un avantage, d'un plaisir peut imposer une contrainte, un effort, une peine. Le proverbe populaire le dit ; l'enfant même le sait avant de le bien comprendre. Si l'effort à faire ne se fait pas, le bien recherché n'est pas obtenu, le mécontentement se produit à sa place. Pour éviter une peine on sera tombé dans une peine plus grande.

Ne pas faire l'effort qui mène au bien, ne pas résister au penchant qui entraîne souvent au mal, ce sont là deux côtés d'une même faiblesse ; mais si la cause est semblable, les effets sont différents ; le mécontentement sera plus profond, plus douloureux pour le mal causé que pour le bien non réalisé : entre les deux sentiments il y aura la différence qui sépare le regret du remords.

Rien de plus terrible que le remords, cette voix intérieure qui réprouve, qui condamne le mal avec une autorité souveraine. Les souffrances qu'elle inflige doivent être intolérables, car on a vu des criminels se livrer eux-mêmes à l'expiation qui les attendait pour échapper à cette voix, à ce juge que l'homme porte en lui-même et qui jamais ne peut faire grâce. Ses arrêts portent sur toutes nos actions, même sur nos secrètes pensées et quelles que soient les apparences de notre vie, ses côtés extérieurs, ce sont eux qui mettent en nous la guerre ou la paix.

Nous ne pouvons y échapper, quoi que nous fassions. Invoquerons-nous, pour nous disculper de quelque faute, des circonstances qui nous excusent en apparence, mais non à nos propres yeux : « Tu mens », nous criera cette voix brutalement, et la rougeur jaillira avec l'idée du mensonge, serions-nous seuls, sans le moindre témoin. Si nous n'avions en nous-mêmes, grandissant avec nous, cette notion du bien et du mal, nous n'éprouverions pas ce malaise intime et profond à propos d'actes ou de sentiments que nous sommes seuls à connaître. Le criminel ne craindrait que les conséquences matérielles de ses actions ; il ne vivrait pas plongé dans l'horreur, s'il pensait rester impuni ; il n'aurait pas, comme Macbeth, tué le sommeil. Caïn ne verrait pas l'œil implacable le regarder jusque dans la tombe. « Le tigre, a dit Chateaubriand, déchire sa proie et dort ; l'homme devient homicide et veille. » C'est qu'il est un homme, c'est-à-dire un *être qui connaît la différence entre le bien et le mal.*

Cette voix de la conscience, premier châtiment du mal, est aussi la première récompense du bien. Elle nous soutient dans les échecs, par le sentiment de notre énergie, de notreforce ; elle nous console devant une injustice, en nous disant que nous méritions mieux. Perdons-nous un être chéri, c'est encore elle qui soulage notre peine, si elle peut nous assurer que nous n'avons jamais manqué aux devoirs de l'affection envers celui qui nous a quittés, de même que nos regrets deviennent cent fois plus cuisants, si elle y ajoute des souvenirs que nous voudrions effacer. — Voulez-vous avoir la mesure exacte de ce que vous valez, habituez-vous à l'écouter ; elle vous le dira.

Vous avez donc en vous un avertisseur exact, précis, fidèle ; ses instructions pourtant ne vous seront utiles qu'à de certaines conditions.

Chacun sait qu'on peut agir bien ou mal ; ce qu'on ne sait pas toujours, c'est distinguer ce qui est bien de ce qui est mal. Personne n'a jamais nié, depuis que les hommes sont civilisés, que les honnêtes gens aient à obéir au devoir ; où l'on a différé, c'est quand il s'est agi d'appliquer cette idée. Les mêmes devoirs n'ont pas été de tout temps placés au même rang. On nous a appris de bonne heure à aimer la patrie, à souhaiter sa grandeur, à comprendre tout ce qui lui est dû ; mais quelques peuples anciens ont été sur ce point plus loin que nous ; pour eux, le devoir envers le pays non seulement primait tout autre devoir, mais justifiait, glorifiait des actes que nous réprouvons. Nous n'admettons l'homicide sous aucun prétexte ; les Grecs ont élevé des statues à des hommes qui, pour délivrer la patrie, avaient poignardé un tyran. Les Romains admiraient dans certains cas le suicide : nous n'y voyons plus que l'abandon de tous les devoirs, une désertion. — Pendant de longs siècles, on a cru bien penser, bien agir, en haïssant, en persécutant ceux qui se séparaient de la religion générale d'un pays. Que de bûchers ont été élevés par amour de ce qu'on croyait la vérité ! C'est par charité que l'on a infligé tant de tortures, détruit tant d'existences honnêtes, utiles, parfois illustres, par charité pour les âmes ! « On ne fait jamais le mal si pleinement et si gaiement que lorsqu'on le fait par conscience. » Ce mot de Pascal explique les plus tristes pages de l'histoire.

Que la conscience ait besoin d'être éclairée des lumières de la raison, du savoir, de l'expérience, que notre sentiment intime du bien et du mal, du juste et de l'injuste puisse être obscurci, faussé par les préjugés, par l'égoïsme individuel ou collectif, par l'ignorance, personne n'en saurait douter. Si vous voulez bien agir, cherchez d'après quelles règles votre vie doit être conduite et se développer ; elles sont simples, faciles à comprendre ; je ne vous dirai pas qu'elles soient aussi faciles à toujours observer ; mais leur pratique seule donne la paix avec soi-même et avec autrui.

Une des premières découvertes que nous faisons dans la vie, c'est qu'elle renferme des douleurs, un nombre incalculable de douleurs qui frappent, semble-t-il, à tort et à travers, tantôt sur nous, tantôt autour de nous. Nous n'avons pas à chercher la cause de ces souffrances ; elle n'est, d'ailleurs, rien moins qu'aisée à trouver. Quand nous voyons des mères perdre leurs enfants, des petits enfants rester sans mère, nous ne pouvons que répéter avec le poète :

. . . . Ces choses-là sont rudes.
Il faut, pour les comprendre, avoir fait ses études.

Mais si nous ne comprenons pas le mal, si nous ne pouvons le faire disparaître, du moins est-il en notre pouvoir de le soulager, de le diminuer. Voilà un emploi de la vie, un champ d'activité plein d'intérêt : diminuer la souffrance qui accable les hommes. Agir, chacun dans notre sphère, petite ou grande, de façon à rendre moins triste la vie de nos compagnons et la nôtre. Ce n'est pas tout. La peine est un côté de la vie ; mais si nous avons commencé par l'ombre, ce n'est pas que nous oubliions le soleil ; notre existence renferme des joies nombreuses, qu'il est en notre pouvoir d'augmenter, d'épurer.

La vie devient plus belle quand nous nous mettons en

état de goûter, d'apprécier toutes les jouissances qu'elle offre.

Diminuer les peines, accroître les joies : le programme est assez beau pour que l'on tente de le réaliser, malgré l'immensité de la tâche, ses difficultés. Au lieu de se répéter : il y a trop de mal en ce monde, on n'y peut rien changer, il vaut mieux graver dans sa mémoire cette pensée d'un homme qui a beaucoup lutté pour la justice :

Que tout soit bien ou mal, faisons que tout soit mieux.

Et d'abord, faisons que tout soit mieux autour de nous, dans notre famille.

Regardez-y de près ; vous verrez combien les premières difficultés du voyage à travers la vie sont adoucies, proportionnées à nos forces, et tout ce que nous puisons de beau et de bon dans le sentiment qui unit les uns aux autres les membres d'une même famille.

CONSEILS.

O mon enfant, tu vois, je me soumets,
Fais comme moi : vis du monde éloignée;
Heureuse? non; triomphante? jamais.
Résignée.

Sois bonne et douce et lève un front pieux ;
Comme le jour dans les cieux met sa flamme,
Toi, mon enfant, dans l'azur de tes yeux
Mets ton âme.

Nul n'est heureux et nul n'est triomphant.
L'heure est pour tous une chose incomplète;
L'heure est une ombre, et notre vie, enfant,
En est faite.

Oui, de leur sort tous les hommes sont las.
Pour être heureux, à tous, — destin morose! —
Tout a manqué. Tout, c'est-à-dire, hélas!
Peu de chose.

Ce peu de chose est ce que, pour sa part,
Dans l'univers chacun cherche et désire :
Un mot, un nom, un peu d'or, un regard,
Un sourire !

La gaîté manque au grand roi sans amours
La goutte d'eau manque au désert immense :
L'homme est un puits où le vide toujours
Recommence.

Vois ces penseurs que nous divinisons,
Vois ces héros dont les fronts nous dominent,
Noms dont toujours nos sombres horizons
S'illuminent.

Après avoir, comme fait un flambeau
Ebloui de leurs rayons sans nombre,
Ils sont allés chercher dans le tombeau
Un peu d'ombre.

Le ciel qui sait nos maux et nos douleurs
Prend en pitié nos jours vains et sonores.
Chaque matin il baigne de ses pleurs
Nos aurores.

Dieu nous éclaire à chacun de nos pas
Sur ce qu'il est et sur ce que nous sommes
Une loi sort des choses d'ici-bas
Et des hommes.

Cette loi sainte, il faut s'y conformer,
Et la voici, toute âme y peut atteindre :
Ne rien haïr, mon enfant; tout aimer,
Ou tout plaindre!

VICTOR HUGO. (*Les Contemplations.*)

II

L'ENFANT DANS LA FAMILLE. LES PREMIERS DEVOIRS RENDUS FACILES PAR L'ATTACHEMENT NATUREL ET RÉCIPROQUE DES MEMBRES DE LA FAMILLE. DÉFINITION DE LA FAMILLE. DEVOIRS DES ENFANTS ENVERS LES PARENTS ; LA TENDRESSE NE DOIT PAS NUIRE AU RESPECT.

« L'homme naît faible et nu » ; les petits des animaux sont bien plus vite en état de subvenir à leurs besoins, en possession de leurs membres et de leurs forces, que ne l'est le petit enfant. Abandonné à lui-même, il serait à la merci de tous les accidents, ne saurait se défendre ni du froid, ni de la faim, ni des chocs ; il périrait misérablement sans l'amour des parents ; leur tendresse est sa sauvegarde. Naturelle et instinctive chez l'homme comme chez l'animal, elle s'éteint chez celui-ci avec la vigueur naissante des petits, tandis qu'elle grandit chez l'homme, s'élève, s'épure.

C'est qu'au bout d'un temps assez court, l'animal n'a plus besoin de ses parents ; la nature lui fournit et son instinct lui procure de quoi satisfaire à tous ses besoins. Le développement de l'enfant est lent, dure des années ; ses besoins sont nombreux et compliqués. Pour devenir ce qu'il doit être, il ne suffit pas que son corps grandisse, que ses membres deviennent souples et vigoureux, mais que son intelligence et son cœur grandissent aussi, le mettent en état de remplir sa destinée d'homme, d'être utilement actif, de rendre ce qu'il a reçu. C'est dans la douce chaleur du foyer domestique que l'enfant puisera de quoi subvenir à l'épanouissement de ses premières années ; c'est là qu'il apprendra, avant toutes choses, la valeur du grand précepte qui doit dominer notre vie : « Aimez-vous les uns les autres. »

Qu'est-ce qu'une famille ? C'est un ensemble de personnes unies, non seulement par des liens naturels, mais par ceux de l'affection. La parenté, la tendresse, voilà les deux éléments qui la forment, aussi nécessaires l'un que l'autre; les membres de la famille portent le même nom; leurs intérêts sont les mêmes; les joies et les peines des uns sont aussi celles des autres. C'est là, mes enfants, que vous avez ouvert vos yeux à la lumière, votre âme à la vie. Pendant de longues années, vous y avez reçu les soins de vos parents, leurs bienfaits incessants; c'est pour vous qu'ils ont travaillé, peiné, souffert; rien ne leur a coûté, car ils vous aiment.

Vous le comprenez bien, vous le sentez encore mieux : si l'habitude vous fait trouver tout naturel de vivre en sécurité, sans privations, sans inquiétudes, grâce à vos parents, elle ne peut émousser la vive jouissance que vous procure la certitude d'être les premiers dans leur cœur. Aussi est-ce presque d'instinct, que vous remplissez ce grand devoir : aimer, honorer ses parents.

Si vous aviez vécu il y a quelques siècles, vos parents vous auraient aimés comme ils font aujourd'hui, sans doute : vous auriez eu pourtant une vie de famille moins douce. Chez certains peuples de l'antiquité, admirables à bien des égards, le père de famille était un maitre, parfois un maitre tyrannique. Il disposait absolument des membres de sa famille, de leur sort, de leur vie. Lorsque, dans la tragédie de Corneille, le vieil Horace, croyant avoir à rougir de la lâcheté de son fils, s'écrie :

Chaque instant de sa vie, après ce lâche tour,
Met d'autant plus sa honte avec la mienne au jour.
J'en romprai bien le cours, et ma juste colère,
Contre un indigne fils usant des droits d'un père
Saura bien faire voir, dans sa punition,
L'éclatant désaveu d'une telle action ;

il exprime seulement un droit habituel que d'autres Romains ont exercé, à l'admiration de leurs concitoyens; pour eux le devoir envers la patrie était le premier de tous; s'en écarter eût été une lâcheté indigne d'un citoyen ; préférer une satisfaction personnelle au bien général, un déshonneur que le père de famille avait soin d'écarter de sa maison.

Cette hauteur de sentiments n'abolissait pas la tendresse, elle la soumettait seulement au devoir. L'amour des parents pour les enfants est vieux comme l'humanité même.

Vous en trouverez des peintures touchantes dans les poèmes les plus antiques. Quand Homère retrace la vie légendaire de l'âge héroïque, ce qui nous touche, ce sont moins les combats de géants que les sentiments intimes; nous sommes émus de la tendresse d'Hector pour son fils et nous reconnaissons que les mêmes sentiments ont fait battre le cœur des hommes il y a trois mille ans qu'aujourd'hui

Mais, les habitudes étaient différentes. Les démonstrations extérieures de tendresse ne pouvaient guère être de mise alors. Le respect, une obéissance un peu terrifiée devaient marquer les rapports des enfants avec leurs parents, surtout avec le père.

La civilisation chrétienne a amené plus de douceur dans ces rapports. Pendant tout l'ancien régime, même en France où les mœurs ont été de tout temps plus douces qu'ailleurs, la constitution de la famille n'allait pas cependant sans quelque dureté. Les droits du père sur les enfants n'étaient plus sans limites, mais il était toujours leur maître, décidait de leur sort pendant une grande partie de leur vie. Les enfants des familles nobles surtout étaient victimes d'une injustice qui a régné longtemps chez nous, et qui existe encore dans quelques pays sous le nom de droit d'aînesse.

Le droit d'aînesse avait pour but de conserver l'importance, la grandeur de la famille, en accumulant ses titres, ses richesses entre les mains de l'aîné, seul représentant du nom. Ses frères et sœurs devenaient ce qu'ils pouvaient; pour les filles, la grande ressource était le couvent. Combien y sont entrées sans goût, sans vocation, uniquement pour décharger leurs familles du soin de leur établissement !

Le droit d'aînesse est une des injustices supprimées par la Révolution française. — L'égalité, introduite dans la famille, a amené d'autres changements à sa suite. Égaux entre eux, les enfants sont devenus plus libres vis-à-vis des parents; le tutoiement qui se généralise marque bien que les distances sont effacées ; les enfants sont plus près des parents, de plain-pied avec eux.

Mais si vos pères et vos mères, entraînés par leur tendresse, se font petits pour être plus près de vous, est-ce une raison pour perdre de vue les égards que vous leur devez ? Le respect, toutes ses marques extérieures, se concilient avec l'affection la plus vive. Le sentiment qui vous unit à vos parents est tendre, fort, il pourrait sans doute aller jusqu'au complet dévouement. Mérite-t-il souvent le vrai nom qu'il doit porter : la piété filiale ? La piété ne va pas sans vénération et la vénération exclut la camaraderie. Vos parents, chargés du soin de votre éducation, de votre avenir, auront à vous conseiller, à vous reprendre, à vous blâmer parfois. L'autorité qui leur est nécessaire pour vous amener à bon port dans la vie, ne s'accommode pas non plus d'une trop grande familiarité de ton et de manières. — Il y avait du bon dans le respect extérieur exigé autrefois; cette déférence, ces formules même ne serviraient-elles qu'à rappeler à chacun sa place dans la famille, elles seraient encore fort utiles. Elles ont d'autres bons effets.

Là où elles sont observées, elles élèvent une barrière contre de fâcheux accidents. — Elles vous apprendront à surveiller votre premier mouvement, qui n'est pas toujours le bon, à modérer l'expression de votre mauvaise humeur, à proportionner les égards dus à chacun; vous comprendrez qu'il existe des différences entre les personnes, que le langage, le ton habituel entre frères, sœurs, camarades, ne convient pas dans toute circonstance; qu'il est bon, qu'il est nécessaire de se gêner quelquefois, et qu'une trop grande expansion de votre personnalité peut devenir gênante pour les autres.

Je souhaite fort, mes enfants, que vous sachiez de bonne heure associer le respect à la tendresse, et la famille vous en fournit l'occasion. Rien de plus sain pour l'âme que l'union de ces deux sentiments, la vie entière en devient plus belle.

Je ne crains rien du jeune homme qui a conservé l'esprit de famille: plein d'amour pour ses parents, il craindra de rien faire qui puisse les faire rougir ou pleurer. Présente, la famille impose au jeune homme le respect de lui-même; absente, il pourra l'oublier un instant; mais une lettre du père, mais la pensée des larmes d'une mère, l'arrêteront sur la pente d'une mauvaise action; et si l'un et l'autre ont disparu, leur mémoire sera encore puissante, et il la respectera d'autant plus qu'ils ne seront plus là pour lui pardonner.

Qu'est ce que l'esprit de famille? c'est un mélange de crainte affectueuse pour le père, de tendresse craintive pour la mère, de respect pour tous deux, d'admiration pour leurs vertus, de volontaire aveuglement pour leurs travers, de reconnaissance pour leurs bienfaits, de compassion pour leurs souffrances, de pitié pour leurs sacrifices. De tous ces sentiments se forme un sentiment unique et complexe, le sentiment de la vénération, dont Gœthe a dit : Celui qui n'a point éprouvé de vénération dans sa jeunesse ne sera point lui-même l'objet de la vénération dans ses vieux jours.

PAUL JANET[1].

III

DEVOIRS PARTICULIERS DE LA JEUNE FILLE DANS LA MAISON PATERNELLE. CE QUE PEUT ÊTRE LE FOYER QUAND CHACUN Y APPORTE CE QU'IL DOIT. LE BONHEUR ET LE MALHEUR TIENNENT PLUS AU CARACTÈRE QU'AUX CIRCONSTANCES.

Pour mieux comprendre ce que peut être chez ses parents une jeune fille de votre âge, mes enfants, représentons-nous la journée d'une famille de travailleurs. Cette journée commence de bonne heure : la tâche du jour le veut ainsi. Pendant des années, c'est la mère qui a été debout la première; le travail de la journée, un travail assez dur l'attendait pourtant, elle aussi, au dehors; mais il fallait, avant de quitter la maison, y mettre tout en ordre, préparer le repas du matin, veiller au départ des enfants pour l'école, exercer enfin ce

[1] *La Famille*. Calmann Lévy, éditeur.

métier de ménagère, de maîtresse de maison, qui pour toute femme, quelle que soit sa condition, humble ou élevée, s'ajoute à ses autres occupations.

Les enfants ont grandi ; l'aînée des filles a quatorze ans ; laissera-t-elle sa mère se fatiguer, au lieu de prendre sa place, quand ses forces à elle s'accroissent tous les jours et que celles de sa mère suivent une progression contraire ? Sa conscience ne le permettrait pas ; il y a longtemps déjà que la maman trouve son déjeuner tout prêt en sortant de sa chambre ; les petits, saisis d'émulation, ont fait de leur mieux, tout mis en ordre ; le père fait semblant de croire que les enfants ont passé la nuit à faire le ménage ; tout le monde est gai, content, et notre jeune fille sent que la journée de travail de ses parents sera toute réconfortée du souvenir de sa jeune bonne volonté.

L'école prend la plus grande partie de ses journées. Vous trouvez là encore un sujet de reconnaissance envers beaucoup de parents. Ils pourraient ajouter aux ressources de la famille le fruit du travail des enfants, même très jeunes ; beaucoup y sont forcés par les circonstances, beaucoup aussi retardent pour eux-mêmes le moment du repos afin de laisser à leurs enfants le temps nécessaire aux études, à la préparation de la vie. La jeune fille dont nous parlons le sait : sa mère a pris l'habitude de causer avec elle de ses difficultés, de ses soucis. Aussi cherche-t-elle à adoucir ce qui peut être adouci et ne ménage-t-elle pas ses efforts pour le bien commun.

Rentrée à la maison, c'est elle qui vaque au travail du soir ; ses parents, à leur retour, vont trouver le nid accueillant et doux. Cet intérieur pauvre a un charme : l'ordre parfait, chaque chose à sa vraie place, d'où une impression d'harmonie, et une élégance, l'exquise propreté, cette propreté qui se sent et se respire aussi bien qu'elle se voit. Il y faut quelque peine, sans doute; plus d'une heure libre est employée au nettoyage, mais le charmant résultat obtenu n'est pas payé trop cher.

Un peu de ce superflu, sans lequel la vie serait bien sèche, égaie la demeure; quelques fleurs, des plantes qu'on a cultivées, dont on suit le développement avec joie, des photographies de figures aimées, ou de chefs-d'œuvre qu'on a appris à admirer; de petits ouvrages à l'aiguille aux couleurs gaies, mystérieusement préparés pour des anniversaires, le tout disposé avec goût, et voilà un intérieur souriant. Les parents peuvent venir : le dîner est presque fait; il n'y manque plus que le dernier coup de main de la maman; on va s'asseoir gaiement devant le couvert proprement mis; ce repas du soir est un bon moment de repos, de bienfaisante récréation pour toute la famille.

Elle n'a rien à envier à personne, cette heureuse famille; elle possède le plus grand de tous les trésors : un foyer où l'on revient avec plaisir, dont la chaleur et la lumière échauffent et éclairent même quand on en est loin. Le secret de ce bonheur n'est pas compliqué : chacun dans cette maison vit pour tous les autres aussi bien que pour soi; on s'aime, ce qui arrive dans beaucoup de familles, mais on a pris l'habitude de témoigner cette affection par des attentions constantes; on ne préfère pas ses aises au bien-être des autres.

Pourquoi telle demeure du voisinage semble-t-elle si peu aimable? Les situations sont pareilles, les circonstances extérieures aussi; mais les visages y sont maussades, les paroles échangées brèves et sèches; tout y a l'air revêche; l'impression dominante qu'on y éprouve, c'est le désir d'en sortir. C'est qu'au lieu d'amour et de concorde, l'égoïsme y règne. Chacun y vit à peu près comme s'il était seul, sans tenir grand compte des autres. En réalité, chacun y est seul, comme emprisonné dans son égoïsme ; on y a froid ; rien n'y sent le foyer ; ce n'est pas une famille ; il n'est point de famille sans affection active, sans dévouement réciproque.

On croit parfois aimer les membres de sa famille, parce qu'on les préfère au reste du genre humain. Mais est-ce les aimer que se borner à un sentiment qui ne s'exprime, ni ne se prouve. Que des parents qui travaillent, peinent, souffrent pour leurs enfants, se croient quittes envers eux, même sans leur témoigner la tendresse apparente, nécessaire pourtant à l'éclosion de la tendresse, on peut le comprendre en le regrettant. Mais ce qu'on ne saurait admettre, c'est une jeune fille se dispensant de ces devoirs qu'on aurait tort d'appeler les petits devoirs, et attendant les grandes occasions toujours un peu rares. Une bonne partie de notre vie est composée de petites choses et nous sommes heureux ou malheureux selon que nous les possédons ou non.

Pour remplir ces petits devoirs quotidiens, ne faut-il pas une préoccupation habituelle d'autrui qui n'est pas sans mérite, une succession de petites victoires sur soi-même, facilitées sans doute par l'affection, mais qui ne vont pas sans luttes : toute victoire suppose un combat : Si l'on raconte devant vous un acte héroïque, le dévouement d'un homme qui a risqué sa vie pour sauver une vie humaine, vous voilà saisies d'enthousiasme, émues d'admiration et vous avez bien raison. Mais si l'héroïsme est sublime, même quand il n'est dû qu'à l'impulsion d'un instant, le devoir de chaque heure accompli sans relâche, avec conscience et bonne grâce, a bien sa beauté lui aussi. Qui sait s'il n'est pas plus facile d'être héroïque une fois que de bien faire toujours ? L'habitude intervient heureusement, qui aplanit bien des difficultés ; c'est une force immense que l'habitude ; mettons-la du bon côté, du côté du devoir.

Un jour viendra, mes enfants, où vous quitterez peut-être la maison paternelle, soit pour fonder une famille à votre tour, soit parce que vos occupations vous appelleront ailleurs ; vous ne pourrez plus alors consacrer à vos parents tout votre temps ; le but de vos efforts, de votre travail aura changé. Mais vos devoirs envers vos parents pour être d'une autre nature, n'en subsisteront pas moins. La déférence, l'affection, le dévouement, leur seront toujours dus.

S'ils sont pauvres, vous aurez à rendre à leur vieillesse ce qu'ils ont fait pour votre enfance ; ce sera là une dette sacrée : la loi de notre pays en assure le paiement, s'il se trouvait des enfants assez dénaturés pour vouloir s'en dispenser ; elle oblige les enfants, selon leurs moyens, à subvenir aux besoins de leurs parents. Cette loi doit bien rarement, espérons-le, avoir occasion d'être appliquée.

Ce qui se rencontre plus fréquemment, ce sont les bons, les charmants rapports entre la famille d'origine et celles qui en sont sorties. Les parents, un peu fatigués de leur longue tâche, voient leur vie se continuer en leurs enfants ; c'est par eux qu'ils s'intéressent à l'avenir ; c'est en leurs parents que les enfants aiment et respectent le passé. Il n'est plus question alors de protection d'une part, d'obéissance de l'autre ; on n'a plus rien à se demander, on n'a plus qu'à s'aimer. Pour la jeune fille devenue jeune femme, c'est un doux moment, et celui peut-être où elle comprend le mieux ce qu'elle doit à sa mère, à la maison paternelle, si charmante dans le souvenir. Que de bons sentiments elle y aura puisés rien qu'en obéissant à ce penchant naturel qui fait aimer le foyer !

UNE BONNE MÈRE.

Grétry, le célèbre compositeur, avait une si haute idée de l'importance de la femme pour l'éducation du caractère qu'il décrivait une bonne mère comme le chef-d'œuvre de la nature. Et il avait raison, car les bonnes mères, bien plus que les pères, tendent à la rénovation perpétuelle de l'humanité, en créant comme elles le font l'atmosphère morale du foyer domestique, qui alimente l'esprit de l'homme de même que l'atmosphère physique alimente son corps. Avec sa bonne humeur, sa douceur, sa bonté, sous l'égide de son intelligence, la femme pénètre tous ceux qui l'entourent d'une sensation de bien-être, de contentement et de paix également favorable au développement des natures les plus pures et les plus viriles. La plus humble demeure où règne une femme vertueuse, économe, gaie et propre, peut devenir un asile de confort, de vertu et de bonheur; elle peut être le théâtre des relations de famille les plus honorables; elle rappellera à l'homme les plus chers souvenirs et sera pour son cœur un sanctuaire, un refuge contre les orages de la vie, un doux lieu de repos après le travail; il y trouvera encore sa consolation dans le malheur, son orgueil dans la prospérité, sa joie en tout temps.

SAMUEL SMILES[1].

[1] *Le Caractère*, traduction de Mme Deshorties de Beaulieu. 1 vol., Plon, Nourrit et Cie, éditeurs.

IV

L'ATTACHEMENT AU FOYER DOMESTIQUE. VÉNÉRATION DE CERTAINS PEUPLES ANCIENS POUR LE FOYER ; L'HOSPITALITÉ. L'AMOUR DU FOYER EST UNE FORCE DANS LES DIFFICULTÉS DE LA VIE.

Nous n'avons pas dans notre langue d'expression qui rende parfaitement le sens du mot anglais « home » ; c'est à la fois le foyer domestique, le chez soi, la maison paternelle, et il s'y ajoute encore quelques idées accessoires de sécurité, de paix, de tranquille intimité. De ce que le mot nous manque, quelques-uns, — à l'étranger, — en ont conclu que nous n'avons pas la chose. Laisserez-vous, mes enfants, s'accréditer, se perpétuer une idée aussi fausse, aussi injurieuse pour notre caractère ?

Dire qu'en France n'existe pas l'amour du foyer, revient à accuser les femmes françaises de manquer de charme, de grâce, de tout ce qui rend la famille heureuse : ce sont les femmes qui font le foyer, aimable ou non, selon ce qu'elles sont elles-mêmes. — N'aurait-on pas appelé détachement du foyer des habitudes dues à un climat plus doux et permettant de sortir de la maison plus souvent que dans les pays où, à ce que disent les habitants, « il pleut quelquefois des chats et des chiens » ? — Quoi qu'il en soit, que nous aimions notre foyer plus ou moins qu'ailleurs, nous y renonçons assurément avec plus de peine, avec plus d'esprit de retour que d'autres peuples. Ce doux pays de France ne se quitte pas aisément, et la maison n'est-elle pas une des fortes attaches qui nous lient au pays ? Peut-être est-ce parce que nous le quittons moins que nous n'éprouvons pas si vivement le besoin de le chanter : quand on passe sa vie aux antipodes, le « doux home » apparaît avec tant de charmes !

Cet attachement aux lieux qu'on habite est presque instinctif : vous ne quitterez pas une chambre où vous avez passé un peu de temps sans un vague sentiment de regret. Nous laissons quelque chose de nous-mêmes aux lieux où nous vivons ; ils sont inséparables de notre vie intime ; c'est là que vivent ceux qui nous sont chers ; nous y avons souffert, nous y avons été consolés ; que de fois y sommes-nous revenus lassés, épuisés, et avons-nous ressenti dès le seuil l'apaisement qui en émane, qui repose de tout, des fatigues et des plaisirs.

La sociabilité, l'agrément que nous éprouvons dans la compagnie de nos semblables, se concilient fort bien avec l'amour du foyer ; bien mieux, ils s'y rattachent. Notre maison nous semblera plus agréable si elle attire de temps à autre nos amis, et le plaisir que nous pouvons éprouver à leur rendre visite ne tient pas au besoin de sortir de chez nous. Vivre trop étroitement, trop exclusivement dans la famille, pourrait conduire à se désintéresser d'autrui ; notre vie serait fort incomplète si elle ne s'étendait au-delà du foyer. Il est la base de notre vie morale ; il forme comme les racines de l'arbre dont les fleurs et les fruits s'étendent au-dessus.

De tout temps, un sentiment de respect s'est attaché au foyer domestique. Le feu qui y brûlait semblait aux anciens aussi saint que celui d'un temple ; il était consacré aux dieux protecteurs et gardiens de la maison. Cette maison devait être l'asile de la pureté et de la bienveillance. L'hôte qui s'y présentait était accueilli avec les égards dus à l'envoyé des dieux; les devoirs de l'hospitalité étaient de ceux auxquels les méchants seuls pouvaient manquer. Dans le charmant poème, Philémon et Baucis, vous vous rappelez que les dieux vouent à la destruction le bourg où l'on ne connaît plus les lois de l'hospitalité.

Les conditions de la vie moderne ont modifié nos idées et nos sentiments sur ce point. Nous n'avons plus à exercer l'hospitalité dans le sens où l'entendaient les anciens, où l'entendent encore aujourd'hui certaines peuplades de l'Orient. — Toutefois, nous avons toujours à rendre notre maison agréable à ceux que nous y convions; à de certains jours, en certaines occasions, l'on réunit ses amis; s'ils n'emportent de vous, de votre demeure, une impression agréable, vous serez en faute; les bonnes intentions ne suffisent pas plus là que sur d'autres points : il faut réussir; vos amis doivent avoir plaisir à se trouver chez vous, plaisir à y revenir.

Or, on a plaisir à se trouver dans un intérieur harmonieux, où règne la concorde et la paix. Si vous pouvez offrir à vos amis cette douceur-là, ils seront, n'en doutez pas, fort accommodants sur l'élégance du mobilier ou la finesse de la chère. Mais cette sorte de régal ne se prépare pas comme un repas, même de gala, ce n'est pas un jour, c'est toute la vie qu'il y faut. Si la mère de famille, si ses filles sont occupées d'habitude du bien, du plaisir des autres; si leur humeur douce rend leurs visages souriants, si l'on est sûr de trouver auprès d'elles consolation dans la peine, sympathie dans la joie, leur maison sera aimée, charmante, rayonnante, pour tous. Pour les membres de la famille même, aucune splendeur ne vaudra jamais la chaleur de ce nid, rien ne le fera oublier. Un écrivain distingué J. de Maistre, à l'âge de cinquante et un ans, écrivait à un de ses frères : « A six cents lieues de distance, les souvenirs de l'enfance, les idées de famille me ravissent de tristesse. Je vois ma mère qui se promène dans ma chambre avec sa figure sainte, et en t'écrivant ceci, je pleure comme un enfant. »

La mère incarne le foyer; c'est elle qu'on voit tout d'abord quand la pensée retourne où fut notre berceau; son influence douce et pénétrante se retrouve dans toute vie, surtout dans la vie de ceux que leur mérite met au-dessus des autres. Beaucoup d'hommes illustres ont rendu ce témoignage à leur mère.

Voici ce que Michelet écrivait de la sienne : « Je l'ai perdue il y a trente ans (j'étais enfant alors) et cependant elle vit toujours dans mon souvenir et me suit d'année en année.

» Elle a souffert avec moi dans ma pauvreté, il ne lui a pas été permis de partager ma meilleure fortune. Quand j'étais jeune, je lui faisais de la peine, et maintenant je ne peux plus la consoler. Je ne sais même pas où reposent ses restes; j'étais alors trop pauvre pour acheter le terrain nécessaire à sa tombe.

» Et pourtant, je lui dois beaucoup. Je sens profondément que je suis le fils d'une femme. A chaque instant dans mes pensées et dans mes paroles (pour ne rien dire de mes traits et de mes gestes), je retrouve ma mère en moi. C'est le sang de ma mère qui me donne la sympathie que j'éprouve pour les temps passés et le tendre souvenir de tous ceux qui ne sont plus.

» Que pourrais-je donc lui offrir, moi qui avance déjà vers la vieillesse, pour tout ce que je lui dois ? Une seule chose, dont elle m'eût remercié, cette protestation en faveur des femmes et des mères. »

C'est aussi une protestation en faveur du foyer domestique : c'est là qu'elles règnent, les femmes et les mères.

LA TERRE NATALE.

J'ai vu des cieux d'azur, où la nuit est sans voiles,
Dorés jusqu'au matin sous les pieds des étoiles
Arrondir sur mon front dans leur arc infini
Leur dôme de cristal qu'aucun vent n'a terni.
J'ai vu des monts voilés de citrons et d'olives
Réfléchir dans les flots leurs ombres fugitives
Et dans leurs frais vallons, au souffle du zéphyr,
Bercer sur l'épi mûr le cep prêt à mûrir ;
Sur des bords où les mers ont à peine un murmure
J'ai vu des flots brillants l'onduleuse ceinture
Saisir et relâcher dans l'azur de ses plis
De leurs caps dentelés les contours arrondis,
S'étendre dans le golfe en nappes de lumière,
Blanchir l'écueil fumant de gerbes de poussière,
Porter dans le lointain d'un occident vermeil
Des îles qui semblaient le lit d'or du soleil.

. . . .

J'ai visité ces bords et ce divin asile
Qu'a choisis pour dormir l'ombre du doux Virgile,
Ces champs que la Sybille a ses yeux déroula,
Et Cume, et l'Élysée : et mon cœur n'est pas là.

Mais il est sur la terre une montagne aride
Qui ne porte en ses flancs ni bois, ni flot limpide
Dont par l'effort des ans l'humble sommet miné
Et sous son propre poids jour par jour incliné
Dépouillé de son sol fuyant dans les ravines
Garde à peine un buis sec qui montre ses racines
Et se couvre partout de rocs prêts à crouler
Que sous son pied léger le chevreau fait rouler.
Ces débris par leur chute, ont formé d'âge en âge
Un coteau qui décroît, et d'étage en étage,
Porte, à l'abri des murs dont ils sont étayés,
Quelques avares champs de vos sueurs payés.

. . . .

Rien n'y console l'œil de sa prison stérile,
Ni les dômes dorés d'une superbe ville,
Ni le chemin poudreux, ni le fleuve lointain,
Ni les toits blanchissants aux clartés du matin.
Seulement répandus de distance en distance,
De sauvages abris qu'habite l'indigence,
Le long d'étroits sentiers en désordre semés
Montrent leur toit de chaume et leurs murs enfumés
Où le vieillard, assis au seuil de sa demeure,
Dans son berceau de jonc endort l'enfant qui pleure.
Enfin un sol sans ombre, et des cieux sans couleur
Et des vallons sans onde! — Et c'est là qu'est mon cœur.

LAMARTINE[1].

V

OBÉISSANCE ENVERS LES PARENTS. QUELLE DOIT ÊTRE SA NATURE. ÉGARDS DUS AUX PARENTS TOUTE LA VIE. CE QUE REPRÉSENTE DE BEAU ET DE GRAND UNE VIE D'HONORABLE TRAVAIL.

Dans la famille d'autrefois on demandait surtout aux enfants d'obéir ; dans celle d'aujourd'hui on leur demande avant tout d'aimer. Cherchons, mes enfants, s'il n'y a pas moyen de concilier ces deux esprits un peu opposés, et d'apprendre à obéir parce qu'on aime.

Il se répand sur notre jeunesse toutes sortes de bruits

[1] Hachette et Cie, éditeurs.

fâcheux ; la trop grande tendresse des parents a, dit-on, donné aux enfants une place disproportionnée dans la maison ; ils en abusent, vivent de pair à compagnon avec ceux qui ont mission de les diriger, prennent le haut du pavé, tout le pavé, ne reconnaissent aucune supériorité, n'en croient qu'eux-mêmes sur toutes choses et se jettent à tort et à travers dans la vie sans en connaître les voies ni les difficultés. Espérons qu'il y a quelque exagération dans ce tableau un peu noir ; il serait attristant de voir les enfants oublier ainsi les devoirs imposés par cet amour des parents qui fait lui-même trop bon marché de ses droits.

Vous, mes enfants, qui êtes en général moins disposées que vos frères à prendre vos coudées franches, plus habituées à être guidées, un peu de réflexion vous fera aisément comprendre comment et pourquoi vous devez l'obéissance à vos parents. Leur mission est de vous élever ; leur premier devoir, comme leur plus grand souci, de vous préparer pour une vie utile, heureuse. Pourraient-ils y réussir si vous opposiez votre inertie, ou une volonté ignorante et bornée, à leur volonté éclairée d'expérience ? Si le nombre des années n'implique pas toujours la sagesse consommée, qui a longtemps vécu a beaucoup vu et entendu. Son jugement s'est fortifié, mûri, tandis que l'emportement, la vivacité d'impressions de la jeunesse sont une fréquente cause de trouble et d'erreurs. Autant que vous-mêmes, vos parents désirent votre bien ; ils le voient mieux que vous. C'est la raison qui parle par leur bouche : sachez-lui gré de prendre cette figure sympathique au début de votre vie ; elle n'aura pas toujours un aspect si agréable.

L'autorité des parents, conséquence naturelle de leurs devoirs et de leur responsabilité, est si peu discutable, qu'elle est consacrée par la loi. Jusqu'à l'âge de vingt et un ans, aucune décision importante ne peut être prise dans votre vie sans l'assentiment de vos parents. L'âge de la majorité donne aux enfants la libre direction d'eux-mêmes, mais les devoirs de fils et de filles n'en subsistent pas moins tout entiers.

Là se trouve quelquefois un passage difficile à traverser : longtemps la mère a eu l'habitude de diriger, d'être écoutée, non pas toujours sans réplique ; elle-même n'aurait pas voulu d'une soumission passive ; mais enfin c'est elle qui décidait en dernier ressort. Voici venir le moment où la jeune fille voudra décider, elle aussi, et ce sera parfois dans un sens différent. Comment concilier le droit de sa mère et son droit à elle-même, non moins légitime, de se créer une vie personnelle? Un seul moyen, toujours le même, peut résoudre la difficulté : l'affectueux respect, né de la tendresse, et qui sait obtenir de l'amour de la mère ce qu'on avait le droit d ne pas demander.

Il serait par trop injuste et cruel, au moment où la jeune fille cesse d'être l'élève de sa mère, pour devenir sa compagne, qu'elle la privât de goûter les fruits du travail de toute une vie. Si à ce moment là des malentendus ou d'autres causes amènent des rapports pénibles, dangereux pour l'harmonie de la famille, quelle que soit l'attitude de la mère, la fille ne doit pas oublier qu'elles ne sont pas toutes deux sur un pied d'égalité ; les droits de la mère à toute déférence ne peuvent être déniés.

On est attristé en pensant au bonheur qui se perd ainsi, faute de comprendre, de savoir faire quelques sacrifices qui ne devraient même pas coûter, et grâce auxquels la fille restera ce qu'elle doit être, la joie de ses parents. Vous savez bien que chez eux seuls se trouvera toujours cette source de tendresse qui pour vous ne s'épuisera jamais, quoi qu'il arrive.

Cette sécurité dans l'affection fait la force et la douceur des liens de famille.

Vous en trouverez d'autres. L'amitié entre personnes du même âge est un des biens de la vie; mais tant de circonstances viennent la modifier, la troubler, en empêcher l'expression! On a commencé la vie ensemble, on la continue aux deux pôles opposés; les intérêts sont différents, quelquefois contraires; les séparations s'imposent; on croit être sûr du cœur de son ami; on ne peut l'être même de son propre cœur. Si les amitiés premières ne s'effacent pas, si elles demeurent au fond de nous, tant d'autres préoccupations remplissent nos heures, que ces tendresses anciennes s'engourdissent un peu. Dans les familles, tout concourt à resserrer l'affection. Les parents n'aimeront jamais avec froideur ceux à qui ils ont donné le meilleur de leur âme, ceux pour qui ils ont lutté, souffert, heureux de leur avoir préparé des jours plus heureux, jouissant par avance d'un bonheur dont ils ne demandent que cette jouissance anticipée.

Mes arrière-neveux me devront cet ombrage
Hé bien, défendez-vous au sage
De se donner des soins pour le plaisir d'autrui.

Jamais ils ne laisseront rien s'interposer entre eux et ceux qui leur inspirent ces sentiments; leur tendresse les suivra partout, toute la vie, leur demandant seulement en retour d'être heureux, d'être bons.

Leur vie bienfaisante rayonnera longtemps, même après eux. La considération qui les entoure, en même temps qu'elle se reflète sur la famille, devient la sauvegarde de ses membres. Qui, parmi les moins bons, ne reculera d'abord à l'idée de souiller un nom honorable? Cette partie de l'héritage est la plus sûre, comme la plus précieuse; le grand prix qu'on y attache fait comprendre pourquoi nous vénérons les belles vieillesses. Ce que nous honorons en elles, c'est tout ce qu'elles représentent : les luttes, les souffrances, les sacrifices, les déceptions non méritées, l'effort sans cesse renouvelé, le bien semé partout, à travers ce long chemin parfois si dur. Quand ils sont à nous, ceux dont la vie s'est déroulée ainsi, utile, pure, honorée, nous n'ajouterons jamais assez d'amour à notre respect pour acquitter notre dette, à moins de devenir dignes de ce que nous avons reçu, de le rendre à d'autres, autant qu'il est en notre pouvoir.

Dans les *Entretiens mémorables*, nous voyons Socrate faisant comprendre à son fils ce qui est dû à une mère, même quand elle est injuste, dure et déraisonnable, comme l'était la femme du grand philosophe :

Personne, dit le fils, ne peut supporter les violences de ma mère, et elle me dit des choses telles que j'aimerais mieux mourir que de me les entendre répéter. — « Voyons, dit Socrate, ne cherches-tu pas volontiers à plaire à ton voisin, afin qu'il te donne du feu au besoin, ou qu'il vienne à ton aide en cas d'accident! — Oui, certes. — Fort bien. Crois-tu qu'il soit indifférent quand on est en voyage ou qu'on fait une traversée, d'avoir des compagnons de route qui soient amis ou ennemis? — Il vaut mieux qu'ils vous soient amis. — Ainsi tu feras ton possible pour plaire à ton général à l'armée, à ton voisin dans la ville, à ton compagnon en voyage. C'est ta mère seule, qui pourtant t'aime bien plus que tous ceux que je viens de nommer, à qui tu ne veux ni complaire ni obéir. — Si tu m'en crois, mon fils, nous irons de ce pas prier les dieux de te pardonner d'avoir oublié le respect que tu dois à ta mère, afin qu'ils ne te regardent pas comme un ingrat et qu'ils ne te déshéritent pas de leurs bienfaits.

XÉNOPHON [1].

[1] *Entretiens mémorables*. Traduction de E. Talbot. Hachette et Cie, éditeurs.

VI

Devoirs fraternels; devoirs plus spéciaux de l'aînée. Égards et politesse réciproques; ne pas les réserver seulement pour le dehors.

Mes enfants, la famille nous offre toutes les formes de l'affection, de quoi satisfaire tous les besoins du cœur. Les frères, les sœurs sont, comme on l'a dit, des amis donnés par la nature; quand on nous exhorte à être bons pour tous les hommes, on nous dit de les regarder comme des frères. Il est tout naturel, en effet, d'aimer ses frères, ses sœurs. Ils ont grandi avec nous, ils portent le même nom, ils partagent notre vie pendant de longues années. Nos parents les aiment au même titre que nous: notre dévouement pour nos frères, nos sœurs est une partie de notre devoir envers notre père et notre mère, à qui nous prouvons notre tendresse en aimant ceux qu'ils aiment, en les remplaçant auprès d'eux, au besoin.

Les aînés font l'apprentissage de la vie en partageant avec les parents les soins à donner aux plus jeunes; la petite avance qu'ils ont sur ceux-ci leur permet de les aider dans leur travail, d'être leur conseil dans les menues difficultés de la vie de l'enfant. Une sœur aînée peut beaucoup sur l'esprit, par conséquent sur le caractère et l'avenir de ses frères et sœurs. Plus près d'eux par l'âge et les circonstances, elle comprend quelquefois mieux que la mère elle-même les défauts à modifier; ses conseils ont chance d'être mieux écoutés parce qu'ils paraissent plus désintéressés. L'enfant pense, sans même bien s'en rendre compte, que c'est un peu le métier des parents de gronder, de reprendre ; venu d'une égale, l'avis sera mieux reçu.

A une condition pourtant, c'est qu'il soit donné avec douceur, sans prétentions à la supériorité, à la domination. Sinon, l'enfant ne verra que la hauteur blessante, et repoussera le conseil utile; il déclarera que sa sœur aînée « n'est pas plus que lui », qu'il n'a pas à tenir compte de ce qu'elle dit. Il lui en voudra d'avoir usurpé une place qui n'est pas à elle et oublié l'égalité qu'il sait déjà très bien invoquer, quoiqu'il la comprenne fort mal.

Le résultat sera mauvaise humeur, mauvais vouloir de tous côtés : le bien qui pouvait être fait ne se fera pas.

Il ne se fera pas parce que les meilleures intentions du monde n'aboutissent à rien quand elles ne sont pas exprimées, réalisées sous la forme qui convient. Retenez bien ce point, mes enfants ; il est capital pour vous : la tendresse, le dévouement même sont insuffisants à assurer le bonheur d'une famille, si les rapports habituels y manquent d'agrément. « Comment, disait-on à une dame, n'avez-vous pas plus d'attachement et de reconnaissance à un tel ? Il se jetterait à l'eau pour vous ? — Oui, répondait-elle, mais je ne me noie jamais, et il m'ennuie toujours [1]. » Se jeter à l'eau pour les gens est fort bien, mais l'occasion en est rare en effet, et celle de les ennuyer excessivement fréquente dans la vie en commun.

Que de personnes aimables et gracieuses au dehors changent de ton et de figure à la maison !

Nos voisins les appellent d'un nom bien caractéristique : anges dans la rue, diables à la maison.

Or, c'est à la maison que vous devez vivre, que vous

[1] Alphonse Karr.

vivez. Vous en rendrez le séjour insupportable si vous vous dispensez de la politesse et des égards dans la vie quotidienne. Ne gardez pas votre attachement et votre dévouement comme un lingot mis en réserve pour les grandes occasions toujours exceptionnelles; dépensez-les en menue monnaie d'attentions habituelles ; le fonds ne s'épuisera pas : l'affection est comme la lumière : elle augmente en se répandant.

La meilleure preuve d'attachement aux siens que puisse offrir une jeune fille, c'est de toujours se montrer avec eux, attentive, agréable, bonne, de se maîtriser assez pour que personne n'ait à souffrir des variations de son humeur. Notre humeur à tous est variable, comme la vie elle-même ; mais quelques-uns sont assez forts ou assez bons pour renfermer leurs agitations en eux-mêmes ; ils ont tout le charme des natures égales qui attirent et reposent, tandis que rien ne choque et ne repousse comme ces personnes passant sans cesse du rose au noir et que l'on quitte sans savoir jamais comment on les retrouvera.

Il est certain que les inégalités de la santé, toutes sortes de circonstances amènent dans la vie des moments fort pénibles, fort tristes. Mais la tristesse n'est pas la mauvaise humeur ; c'est là justement la différence entre les naturels aimables et les autres ; les premiers sont attristés, les seconds irrités et aigris par les difficultés de l'existence. La tristesse n'éveille chez autrui que les bons sentiments : la sympathie, la pitié. L'aigreur et l'amertume fatiguent et rebutent ; ce sont elles qui nourrissent la mauvaise humeur, la grande ennemie des femmes, à ce que l'on prétend ; à coup sûr le fléau de la vie de famille.

Fuyez-la si vous ne voulez pas devenir un des êtres les plus repoussants de la création ! une femme acariâtre. Et ce n'est pas seulement votre caractère qui serait en danger ; les sentiments habituels finissent par sculpter les physionomies et la figure ne tarde pas à traduire, à trahir l'être intime ; aucune beauté n'y résiste ; ce qui y résiste moins encore, c'est le bonheur domestique : l'acrimonie des caractères dissout la vie de famille, comme un acide le métal.

C'est donc dans la vie de chaque jour qu'il est le plus nécessaire de garder la douceur, la patience, l'égalité d'humeur. L'affection vous y aide ; elle ne suffit pas cependant à rendre la tâche très facile. Faire bon visage à qui l'on voit rarement, avec qui l'on à peu de chose en commun et se procurer ainsi un renom d'affabilité à peu de frais : rien de plus aisé ; mais éviter les heurts dans l'espace restreint de l'intérieur, se montrer conciliant et doux chaque jour et en tout, suppose non de l'indifférence, mais une grande énergie unie à une grande bonté. Ceux qui en sont doués possèdent le secret du bonheur : Bienheureux les doux, le royaume de la terre est à eux ! Et cela est justice, car ils allègent la vie et nous apprennent à en porter le poids en souriant.

Un autre écueil dans les relations de famille, plus rare heureusement, qu'il faut signaler pourtant, c'est la jalousie. Des frères, des sœurs, nés et élevés dans les mêmes conditions, sont cependant fort dissemblables : leur santé, leurs facultés, leurs aptitudes peuvent varier beaucoup ; de là des différences dans leur vie, dans la façon d'être avec eux. Un enfant naît délicat, chétif ; sa mère veillera sur lui avec plus de soin, des soins plus tendres ; n'en a-t-il pas besoin ? un autre montrera pour les études des dispositions remarquables servies par un travail persévérant et consciencieux ; le traitera-t-on comme celui qu'il faut gourmander sans cesse pour en obtenir le moindre effort ? C'est ici que l'égalité dans le traitement serait l'injustice. Se trouver lésé de ce qu'un autre récolte ce qu'il a semé, serait se montrer aussi déraisonnable et aussi sottement égoïste que si l'on jalousait, étant robuste, les soins donnés à une santé délicate. Il existe pourtant des enfants convaincus que leurs parents ou leurs maîtres ont des préférences pour tel ou tel d'entre eux. Ils ne voient pas que ce que l'on préfère, c'est un bon travail à un mauvais, l'obligeance à l'égoïsme, la bonne grâce à la rudesse des manières, et sans faire de retour sur eux-mêmes, sans chercher à acquérir ce qui leur manque, ils s'en prennent à ceux dont les belles qualités mettent en lumière leurs défauts.

Cette disposition est rare ; mais elle est si dangereuse que le germe le plus léger doit en être combattu avec énergie ; elle suppose un amour de soi-même qui se doublerait aisément de la haine d'autrui ; c'est la méchanceté proprement dite, le sentiment de « ces animaux malfaisants » qui ne se contentent pas de chercher « leur bien premièrement », mais qui veulent de plus le mal d'autrui.

Dans la vie de famille le remède au fléau se trouve à côté du mal. En général, les enfants ne peuvent douter réellement de l'attachement de leurs parents ; si parmi eux, les uns occupent une place supérieure aux autres, ceux-ci finiront bien par en comprendre les raisons et n'accuseront pas longtemps leurs parents d'injustice. Il n'est pas inutile d'apprendre dès les premières années qu'il y a des différences, même entre ceux que les circonstances rapprochent le plus. Si ces différences vous choquent, un moyen s'offre à vous pour les faire disparaître : imiter ceux qui font bien, faire aussi bien qu'eux ; c'est ainsi que cette mauvaise herbe de la jalousie pourra devenir un ferment d'émulation, puis disparaître tout à fait, n'ayant plus de quoi s'exercer.

DEUX SŒURS.

Elle était pâle et pourtant rose
Petite, avec de grands cheveux,
Elle disait souvent : « Je n'ose »,
Et ne disait jamais : « Je veux ».

Le soir elle prenait ma Bible,
Pour y faire épeler sa sœur.
Et comme une lampe paisible
Elle éclairait ce jeune cœur.

Sur le livre saint que j'admire
Leurs yeux purs venaient se fixer.
Livre où l'une apprenait à lire,
Où l'autre apprenait à penser.

Sur l'enfant qui n'eût pas lu seule
Elle penchait son front charmant.
Et l'on aurait dit une aïeule
Tant elle parlait doucement!

Elle lui disait : « Sois bien sage ! »
Sans jamais nommer le démon.
Leurs mains erraient de page en page,
Sur Moïse et sur Salomon.

Sur Cyrus qui vint de la Perse,
Sur Moloch et Léviathan,
Sur l'enfer que Jésus traverse,
Sur l'Eden où rampe Satan.

Moi j'écoutais... O joie immense
De voir la sœur près de la sœur,
Mes yeux s'enivraient en silence
De cette ineffable douceur.

Et dans la chambre humble et déserte
Où nous sentions cachés tous trois,
Entrer par les fenêtres ouvertes
Les souffles des nuits et des bois.

Tandis que dans le texte auguste
Leurs cœurs lisant avec ferveur,
Puisaient le beau, le vrai, le juste,
Il me semblait, à moi, rêveur,

Entendre chanter des louanges
Autour de nous comme au saint lieu
Et voir sous les doigts de ces anges
Tressaillir le livre de Dieu.

VICTOR HUGO.

LE DROIT D'AINESSE.

Te voilà fort et grand garçon,
Tu vas entrer dans ta jeunesse,
Reçois ma dernière leçon,
Apprends quel est ton droit d'aînesse.

Pour le connaître en sa rigueur
Tu n'as pas besoin d'un gros livre ;
Ce droit est écrit dans ton cœur ..
Ton cœur ! c'est la loi qu'il faut suivre.

Ainsi que mon père l'a fait,
Un brave aîné de notre race,
Se montre fier et satisfait
En prenant la plus dure place.

A lui le travail, le danger,
La lutte avec le sort contraire;
A lui l'orgueil de protéger
La grande sœur, le petit frère.

Son épargne est le fonds commun
Où puiseront tous ceux qui l'aiment.
Il accroît la part de chacun
De tout ce qu'il s'ôte à lui-même.

Il voit, au prix de ses efforts,
Suivant les traces paternelles,
Tous les frères savants et forts,
Toutes les sœurs sages et belles.

C'est lui qui, dans chaque saison,
Pourvoyeur de toutes les fêtes,
Fait abonder dans la maison
Les fleurs, les livres des poètes.

Il travaille enfin, nuit et jour
Qu'importe! les autres jouissent.
N'est-il pas le père, à son tour
S'il vieillit, les autres grandissent.

Ainsi quand Dieu me reprendra,
Tu sais, dans notre humble héritage,
Tu sais le lot qui t'écherra,
Et qui te revient sans partage.

Nos chers petits seront heureux,
Mais il faut qu'en toi je renaisse.
Veiller, lutter, souffrir pour eux...
Voilà, mon fils, ton droit d'aînesse.

VICTOR DE LAPRADE[1].

[1] Lemerre, éditeur.

VII

DEVOIRS ENVERS LES MEMBRES DE LA FAMILLE. LA SOLIDARITÉ. LE NOM. RÔLE DE LA JEUNE FILLE DANS LES RELATIONS DE FAMILLE; SA DOUCEUR PEUT APAISER DES RANCUNES, ÉVITER DES QUERELLES, TERMINER DES DIFFÉRENDS.

Mes enfants, ce que vous devez à vos parents ne se borne pas à leur personne, ni à vos frères et sœurs : pour l'amour d'eux, tous ceux à qui vous lie la parenté, depuis les aïeuls jusqu'aux petits-cousins, ont droit de votre part à des égards particuliers. Les membres de la famille, ainsi étendue, ne portent pas le même nom ; mais la communauté d'origine, les alliances créent entre eux des liens et des devoirs. Qu'un membre de la famille s'élève, qu'il acquière distinction, éminence dans le monde, ses parents s'en sentiront tous honorés. « L'amitié d'un grand homme est un bienfait des dieux »; sa parenté n'est pas moins désirable. De même que nous avons part à l'honneur des nôtres, la honte de l'un de nous nous est particulièrement sensible; si innocents que nous en soyons, elle nous cause une véritable humiliation. Car notre vie n'est pas concentrée en nous seuls; elle est agrandie par les sentiments qui nous attachent aux autres êtres, à nos proches d'abord, aux hommes en général; par eux nous pouvons éprouver grandes peines et grandes joies.

Il dépend de nous, en ce qui concerne nos proches, de diminuer ces peines, d'augmenter ces joies. Si chaque famille avait à cœur la prospérité de ses membres ; si, à défaut de compassion, on éprouvait de la honte à voir un des siens dans le dénuement, que de maux, que de souffrances se trouveraient évités ! L'insuccès dans ce que l'on entreprend, la pauvreté qui s'en suit, est une des grandes causes du mal qui afflige tant d'êtres humains. On aurait pu souvent y remédier sans grands sacrifices : une aide venue à propos aurait plus d'une fois retenu à la surface ceux qui ont sombré. Aujourd'hui, que l'on voit se former tant d'associations utiles, de sociétés de secours mutuels, pourquoi ne s'établirait-il dans les familles des caisses de secours auxquelles contribueraient tous les membres dans la mesure de leurs moyens, et qui, en cas de besoin, assureraient l'aide nécessaire sans imposer l'obligation si dure de tendre la main ? Cette caisse serait un patrimoine de famille ; comme chacun y contribuerait, personne ne serait avili d'y puiser.

Des associations de ce genre auraient de bons effets ; elles fortifieraient en nous le sentiment de la famille, un des plus réconfortants et des plus sains ; elles nous rendraient l'effort plus facile, parce que nous nous sentirions plus soutenus, moins isolés, et nous retrouverions plus d'énergie pour reprendre la lutte, même après un échec.

Si j'appelle votre attention, mes enfants, sur l'importance d'une institution de ce genre, les grands services qu'elle rendrait, la facilité relative avec laquelle on l'établirait, c'est que je crois que vous y pourriez quelque chose un jour. Les femmes, les jeunes filles même ne sont pas sans influence dans les familles ; vous le savez. Elles ont donc le devoir d'employer cette influence utilement. Ne serait-il pas beau de les voir aider à assurer plus d'aisance, de sécurité autour d'elles ! Si dès à présent cette idée vous sourit, qui sait si un jour vous n'arriverez pas à la réaliser ?

Une autre tâche vous appartient tout entière ; c'est de maintenir la concorde trop souvent troublée. Parce qu'on attend davantage de ses parents, on se contente à beaucoup moins ; la communauté d'origine avec la différence des situations amène des froissements, des rancunes, des difficultés fréquentes. Le remède serait une bienveillance réciproque : elle est parfois endormie ; il est difficile à des personnes qui se croient lésées d'apporter toujours dans les rapports l'aménité, l'esprit de conciliation qui apaisent. Les jeunes filles, les enfants, ne semblent-ils pas là pour unir, pour adoucir ? Rien ne leur enlève à eux cette paix, cette tranquillité qui manquent aux hommes.

Enfants ! chaque matin votre âme avec amour
S'ouvre à la joie ainsi que la fenêtre au jour.
Beau miracle vraiment que l'enfant, gai sans cesse,
Ayant tout le bonheur, ait toute la sagesse !
Le destin vous caresse en ses commencements ;
Vous n'avez qu'à jouer et vous êtes charmants.
Mais nous, nous qui pensons, nous qui vivons, nous sommes
Hargneux, tristes, mauvais, ô mes chers petits hommes !
On a ses jours d'humeur, de déraison, d'ennui.

VICTOR HUGO.

Vous, mes enfants, seriez sans excuses de les avoir. La jeune fille donne un sentiment agréable par sa seule présence. « Sa bienvenue au jour lui rit dans tous les yeux. » Il lui sera facile d'exercer l'action bienfaisante que la nature lui a réservée. Rendre la maison aimable à tous ceux qui y viennent, s'occuper des parentes âgées, dût son propre plaisir en souffrir un peu, c'est sa tâche. Elle doit être l'attrait, le charme des réunions de famille. Il ne faut pas qu'une timidité hors de propos la retienne dans un coin, gauche et comme étrangère à ce qui se passe autour d'elle ; cette sorte de timidité qui paralyse et glace, cette gêne contagieuse est un sentiment déplaisant et qui, du reste, ne supporte pas un examen approfondi; en y regardant bien, on trouverait une grosse part de vanité mélangée à la défiance de soi-même ; une enfant qui ne prétend à rien cherchera simplement à être agréable aux autres et y réussira.

L'esprit de famille est une force précieuse qu'il faut entretenir et développer pour ses bienfaisants effets. Mais, comme les meilleures choses, il peut être poussé trop loin et devient pernicieux s'il n'est réglé par la raison et la justice. Le dévouement aux siens, à leur avancement dans le monde ne doit pas aller jusqu'à l'oubli des droits d'autrui, faire préférer la parenté au mérite. Qu'un emploi, petit ou grand, recherché par plusieurs concurrents, soit donné pour des raisons de famille sans autres considérations, la justice est blessée. L'injustice commise aura le double effet de léser une personne, dommage particulier, et de compromettre une besogne à faire, dommage général. L'attachement aux siens ne dispense pas d'être juste. Il ne dispense pas davantage de s'intéresser à ses semblables en général, de les aider, au besoin, de leur faire le bien qu'on peut. Trop souvent l'attachement réciproque des membres de la famille n'est qu'un égoïsme à plusieurs. Cette tendresse pour quelques-uns exclut tous les autres, et pourvu que le nid soit doux et bien clos, on s'inquiète peu de ce qui se passe au dehors. Les contrariétés les plus minimes semblent des calamités quand il s'agit de soi et des siens ; les calamités qui frappent autrui sont aisées à porter. On en arriverait ainsi à laisser s'atrophier le sentiment des devoirs les plus impérieux ; tout serait subordonné à l'amour des siens; charité, patrie, fraternité, sembleraient encore de fort belles choses à admirer, à aimer un peu vaguement, quand les préoccupations de famille en laisseraient le loisir.

Dans un des romans de G. Eliot, se trouve un personnage, d'ailleurs sympathique et bon, qui a voué une haine mortelle à toutes les femmes, et en particulier aux mères. Il prétend qu'en elles rien ne subsiste plus que la tendresse pour leurs rejetons; « Tout, dit-il, s'est changé en lait. » Certes ce grincheux prête à rire et ses satires n'enlèvent rien à la beauté, au charme de l'amour des mères. Mais il est juste de reconnaître que ce sentiment ne doit pas abolir tous les autres. La vie d'un être humain est chose complexe. Des devoirs différents nous réclament; nous avons de quoi y suffire. Si certaines obligations morales se confondent presque avec des penchants naturels, il en est d'autres auxquelles nous nous devons. Que des parents aiment leurs enfants, que des enfants aiment leurs parents, que leur vie se conforme à cette affection, ils sentent et agissent pour leur bonheur personnel. Rien de plus légitime, à condition toutefois que leur tendresse n'ait pas pour revers l'indifférence au reste du genre humain.

VIII

La vie sociale. Elle commence a l'école. L'enfant y est, comme dans la vie, en rapport avec des supérieurs et des égaux. Devoirs envers les maîtres. Sentiments du respect, de l'admiration.

Votre programme d'études, mes enfants, ne contient pas tous les enseignements que vous offre l'école. Elle prépare à la vie parce qu'elle est un champ d'expériences à former les caractères. Les mêmes qualités qui font réussir plus tard donnent le succès à l'école.

Qu'est-ce que réussir à l'école ? Ce n'est pas seulement être forte, comme on dit, en plusieurs branches ou même en toutes ; c'est mériter, obtenir l'estime et l'attachement des maîtresses et des compagnes ; c'est se comporter de façon à rendre les années d'études agréables et douces, à laisser de soi de bons souvenirs aux autres. Là, comme ailleurs, notre sort dépend beaucoup de nous-mêmes ; nous serons aimées, recherchées, ou indifférentes et dédaignées avec plus de justice que notre amour-propre ne nous permettra d'en convenir.

Dans la famille, la sympathie de chacun vous est acquise sans effort de votre part ; pour y être aimé, il suffit presque d'en faire partie. Les choses changent à l'école. Vous y serez estimées à votre valeur et jugées sur ce que vous donnez.

Maitres et maitresses ne demandent qu'à s'intéresser,

à s'attacher aux élèves qui leur sont confiées. Il est si naturel d'aimer son œuvre et quand cette œuvre est la plus noble de toutes, quand il s'agit d'aider à former des âmes, de quelle ardeur ne s'y met-on pas tout entier!

Mais ici la matière à pétrir est vivante, et le travail à accomplir ne peut être qu'une collaboration. L'élève et la maîtresse doivent travailler ensemble; le zèle de l'une ne peut rien s'il n'est servi par l'ardeur de l'autre.

Un grand désir de bien faire toujours en éveil est une des conditions du succès : elle est loin de suffire. Rien de plus ordinaire que le désir de bien faire ; rien de plus rare que l'effort continu par lequel il aboutit. C'est cette continuité dans l'effort qui donne parfois la victoire aux tortues sur les lièvres; sans une volonté suivie, les meilleures jambes du monde servent de peu de chose.

Il ne faudrait pourtant pas laisser se décourager les pauvres lièvres qui ont trop compté sur leurs jambes : quand on n'est pas parti à point, la seule chance d'arriver que l'on ait est encore de courir, mais le plus sûr de beaucoup est de ne pas se mettre en retard.

L'élève qui emploiera toute son énergie à remplir son devoir — et cette énergie augmente par l'usage même qu'on en fait — trouvera vite le chemin du cœur de ses maîtres. Ils ont cela de commun avec les parents qu'ils tiennent compte de l'intention, de l'effort, presque autant que du succès. Mais c'est le succès qui classe; la première ou la dernière place est donnée, non d'après ce que vous avez voulu faire, mais d'après ce que vous avez fait. Cette loi de la vie, déjà appliquée à l'école, paraît sans doute un peu dure aux vaincus, mais c'est la loi, c'est même une loi juste. Il est trop difficile de juger sur des intentions, trop facile d'alléguer sa bonne volonté, ses louables désirs. Qui n'a pas l'intention de faire bien, le désir d'être premier? Serait-il juste de traiter de même celui qui a bravement parcouru la carrière et celui qui, tranquillement assis, a regardé travailler les autres, tout en souhaitant vivement de faire comme eux ? La vie est bien autrement sévère que l'école ; les résultats y sont seuls appréciés ; on s'y occupe peu des intentions ; l'applaudissement va au succès. Il est bon de s'y accoutumer de bonne heure ; c'est l'importante leçon à tirer d'un échec dans les études.

La peine qu'il cause peut aussi ouvrir les yeux et le cœur aux souffrances de l'insuccès en général ; elles sont cuisantes, n'étant pas toujours méritées. Tous n'abordent pas avec les mêmes chances les concours de l'école ou de la vie. Mais les circonstances peuvent changer ; le vainqueur d'aujourd'hui peut devenir le vaincu de demain. Bien sot qui s'enorgueillirait de sa victoire jusqu'à se croire au-dessus des autres ; il s'en est fallu de peu souvent que les places ne fussent interverties ; qu'eussiez-vous senti alors devant le dédain du victorieux ? La défaite est toujours triste, quel que soit l'objet de la lutte, n'ajoutez pas à son amertume. Il est facile, au reste, d'être bon quand on est heureux, et compatissant à la faiblesse d'autrui, quand on se sent fort.

Il est plus difficile, mais aussi plus généreux, d'applaudir au succès remporté à nos dépens ; c'est pourtant là un sentiment que l'on rencontre fréquemment dans nos écoles. Les meilleures élèves sont aussi les plus recherchées de leurs compagnes ; un devoir bien fait, lu à haute voix excite une vive admiration ; les premières places vous semblent meilleures quand elles sont partagées entre plusieurs. Les mauvaises élèves sont bien plus mésestimées de leurs compagnes que de leurs maîtresses, qui, faisant mieux la part de toutes choses, savent quelquefois expliquer, sinon excuser les défaillances, qui sont d'ailleurs vis-à-vis des faibles dans la situation du médecin vis-à-vis de son malade, non du juge devant un coupable. Leur sympathie adoucit le déboire de l'échec, ajoute à la joie du succès; les enfants en ont si bien le sentiment que plus d'une dédie naïvement ses efforts à sa maîtresse, comme cette enfant qui s'écrie : « Oh! si ce n'était pour vous, je n'aurais pas fait ce long travail de toute une journée de congé. »

Il n'est presque plus nécessaire de recommander aux enfants l'attachement pour leurs maîtresses; ce sentiment gagne et s'étend de plus en plus, et il faut lui attribuer en grande partie le plaisir qui maintenant accompagne très souvent la fréquentation de l'école. D'elles-mêmes les enfants sentent que le respect, l'affection peuvent seuls acquitter leur dette de reconnaissance envers celles qui leur donnent tant, qui leur font comprendre le sens élevé de la vie, qui guérissent en elles le mal et développent le bien, qui les rendent capables de goûter les plaisirs délicats de l'intelligence cultivée, qui leur apprennent à discerner, à admirer, à aimer ce qui est beau.

Sans l'école, sans les études, vous ne sortiriez pas de votre petit monde de chaque jour, vous ne connaîtriez pas les grands esprits, les grands cœurs des temps passés, ceux qui ont fait honneur à leur pays, qui ont été les bienfaiteurs des hommes. A votre âge déjà on peut goûter le charme d'un beau livre, d'une belle poésie, d'une belle statue, et sentir la reconnaissance due à ceux qui ont ainsi embelli la vie; on peut comprendre aussi la grandeur d'autres hommes dont les travaux ont diminué, presque aboli la souffrance physique, ont trouvé le remède de maladies autrefois mortelles, et vouer à ces hommes la vénération qu'ils méritent. Nos études, en nous habituant à admirer avec justesse et chaleur, nous auront rendu un grand service; n'oubliez pas de garder un peu de cette admiration reconnaissante pour les fondateurs de cette école où vous aurez appris à être justes.

LES SAVANTS.

Les uns, hardis plongeurs de l'Océan des nombres
Poursuivent jour et nuit sous leurs flots turbulents
Les problèmes profonds qu'à nos yeux chargés d'ombre
L'absolu, roi jaloux, tient cachés dans ses flancs.

Les autres, voyageurs aux plaines de l'espace,
Volent après l'essaim des astres radieux,
Observant dans les airs la comète qui passe,
Et nommant et comptant toutes les fleurs des cieux.

Enfin, du vieux Dédale appliquant les doctrines,
D'autres soufflent la vie au tranquille métal
Et peuplent l'univers d'un monde de machines
Qui dans leurs mouvements surpassent l'animal.

La terre et l'océan racontent vos prouesses,
Les cieux même sont pleins de notre vaste essor;
Nous possédons déjà de bien grandes richesses,
Nous avons beaucoup fait, nous ferons mieux encore.

Et de tous ces travaux le but et la pensée
Ne sont pas ce que croient de nous nos ennemis,
L'orgueil de tout connaître et l'ivresse insensée
De nous poser en rois sur le globe soumis.

Non, non, c'est le bonheur de mieux voir et comprendre
Dans ses plans infinis la puissance de Dieu,
De louer ses splendeurs et d'une âme plus tendre
De chanter son saint nom sur des lyres de feu.

C'est surtout de porter au secours de nos frères
Des moyens plus nombreux de bien être ici-bas,
D'alléger le fardeau de leurs longues misères
Sur la voie inconnue où s'enfoncent leurs pas.

O douleur ! noir serpent qui comprimes la terre
Dans les mille replis de tes reins venimeux,
C'est contre toi surtout que la science austère
Dirige incessamment ses efforts valeureux.

Oh ! nous n'espérons pas, enfant du mal antique,
Te détruire en entier ; ce triomphe est trop beau.
Mais nous espérons bien, à ton corps tyrannique
Du fer de nos pensers trancher plus d'un anneau !

AUGUSTE BARBIER[1].

IX

Obéissance aux maitres. A quelles conditions l'obéissance est un acte de volonté. Courage dans l'accomplissement du devoir. La patience, la persévérance, formes du courage.

Il fut un temps, mes enfants, où l'école n'avait rien de riant ; les écoliers vivaient sous le régime de la terreur ; les maîtres visaient surtout à inspirer la crainte, commencement de la sagesse ; on n'était pas loin de considérer l'enfant comme naturellement incliné au mal ; les plus doux esprits pensaient ainsi. Le bon La Fontaine, votre ami aujourd'hui, ne vous aima guère de son vivant et plus d'un parmi ses contemporains vous attri-

[1] 1 vol. Dentu.

buait tous les défauts du monde. Aussi imposait-on aux enfants des règles fort dures et exigeait-on d'eux avant tout une obéissance aveugle, absolue. Les raisons ne manquaient pas pour appuyer cette exigence, et quelques-unes ont leur poids.

L'enfant, disait-on, est faible, ignorant, incapable de prévoir; que deviendrait-il, livré à sa propre volonté? Il sacrifierait demain à l'heure présente, grandirait sans être préparé à la vie, serait vaincu avant d'avoir lutté. Une volonté intelligente et forte doit remplacer sa volonté jusqu'au jour où la raison mûrie suffira pour le guider.

Mais il pouvait arriver ce jour-là qu'une volonté toute neuve, n'ayant jamais servi, ne rendît pas les services nécessaires. La volonté est une de ces forces qui s'éteignent faute d'usage. Aujourd'hui, que l'éducation morale consiste en grande partie dans la direction de la volonté, on demande encore aux enfants d'obéir, mais on veut qu'ils sachent pourquoi.

La règle à l'école est comme la loi dans la société : on trouve tout naturel d'y être soumis, parce qu'elle est la même pour tous, parce qu'il est facile d'en comprendre l'utilité, la nécessité, parce qu'elle n'a rien de blessant pour aucun amour-propre individuel. — Mais cette obéissance ne doit pas être une molle et paresseuse soumission. Faire heure par heure ce qu'indique le règlement, parce qu'on y est contraint, sans ardeur, sans plaisir, produirait une besogne bien terne, aux résultats bien minces. Il en sera tout autrement si la règle est assez bien comprise pour être acceptée, voulue et non plus subie ; la suivre alors ce n'est pas plier sa volonté devant une volonté étrangère, c'est l'employer à bien remplir un devoir, et ceux-là sont vraiment libres dont le devoir seul dicte tous les actes. Si vous atteignez cette sorte d'obéissance, mes enfants, l'obéissance consentie, libre, ce ne sera plus de la soumission, ce sera du respect que vous inspirera la règle, et toute votre vie en éprouvera l'heureux effet.

Vous n'y arriverez pas du premier coup ; ce résultat, pour être obtenu, demande la persévérance dans l'effort, qui est une des formes du courage, non moins nécessaire à l'enfant qu'à l'homme. Le courage n'est pas seulement cet élan vigoureux qui porte en avant, fait mépriser le danger quand le devoir l'ordonne : c'est une force intime qui soutient tous les jours, à toute heure, et préserve des défaillances dans les grandes comme dans les petites luttes qui font la trame de l'existence. Vous savez bien ce qu'en langage populaire on entend par une personne courageuse : c'est une personne remplissant vaillamment son devoir.

L'écolière a besoin de courage, comme la maitresse, comme chacun de nous. La moindre des qualités exigées à l'école demande du courage. Un enfant exact, ponctuel, ne semble pas avoir encore un mérite bien grand ; cependant, pour ne jamais manquer à l'exactitude, il faut du courage. Être sur pied chaque jour à l'heure fixée, ne pas se laisser retenir à la maison par les petites indispositions, continuer le travail, même après un peu de fatigue, pour le terminer au moment voulu, tout cela demande du courage. Ne pas laisser l'humeur s'entamer par les petites contrariétés plus tenaces dans la vie que les mauvaises herbes dans les champs, apporter à l'école bon visage, même dans les jours difficiles, que de courage pour y arriver ? Combien il en faut pour chercher à vaincre les difficultés au lieu de s'irriter sottement contre elles, comme les bébés qui frappent de leurs petits poings le bâton de chaise qui les gêne ! « Il est inutile de s'emporter contre les choses, a dit une personne d'esprit, car cela ne leur fait rien du tout. »

A vous, mes enfants, on ne demandera pas seulement

d'être courageuses, mais de l'être gaiement. Votre mérite n'obtiendra jamais les sympathies auxquelles il a droit, si sa physionomie est rébarbative, et votre vaillance doit être souriante. Évitez, quels que soient vos griefs, les airs boudeurs et mécontents ; rien ne déplait autant chez une jeune fille, et avec raison : ils témoignent d'un ressentiment prolongé, de tendances à la rancune, signes évidents d'un fâcheux état d'esprit. Ne pas savoir, ne pas vouloir supporter le blâme n'est admissible qu'à une condition : être parfait, ne produire que des œuvres parfaites. Voulez-vous remplir cette condition ? On peut alors vous promettre des éloges sans aucune restriction. Trouvez-vous qu'elle dépasse quelque peu vos forces ? Acceptez la réprimande : elle est moins un châtiment qu'une excitation à mieux faire, et ne vous vengez pas par toutes sortes de mauvais sentiments beaucoup plus visibles sur les visages que vous ne pensez.

Celles qui réserveront toute l'énergie de leur volonté au consciencieux accomplissement du devoir, ne risqueront pas de l'user vainement et sans raison à des caprices, des fantaisies. Vouloir est tout autre chose que désirer ; on peut même désirer ce qu'on ne veut pas, ce que la raison, la réflexion défendent de vouloir. Vouloir une chose, c'est mettre toute sa force à la réaliser, parce qu'on a de solides raisons pour l'entreprendre ; une volonté intelligente ne peut changer de direction au moindre vent; qui dit caprice et fantaisie dans la conduite, dit faiblesse de volonté.

C'est là une maladie qu'on attribue souvent aux jeunes filles; des dictons, des proverbes dans toutes les langues accusent leur variabilité, leur mobilité, leur facilité enfantine à traverser sans s'y arrêter les impressions les plus diverses, en un mot, à ne pas opposer plus de résistance à des impulsions contraires, que la plume n'en oppose au vent. D'autre part, on les accuse d'entêtement, de cette obstination mesquine et déraisonnable, qui rend la vie difficile dans les petits détails, qui ne sait pas céder sur des points insignifiants en eux-mêmes, mais tient en tout et partout à affirmer une personnalité lourde et fatigante. — Comment concilier ces contradictions? Elles sont, dit-on, dues à la même cause. La volonté, pour être utile et bienfaisante, doit être éclairée. Il manque trop souvent aux jeunes filles de savoir très bien où elles vont, ce qu'elles veulent et pourquoi.

Et je connais même sur ce fait
Bon nombre d'hommes qui sont femmes.

Quand on ne voit pas bien son chemin, on est sujet à errer au hasard. Aujourd'hui, que les bonnes études, facilitées à tous, doivent développer chez tous l'habitude de réfléchir, de raisonner, on peut espérer des volontés plus fermes, moins errantes, qui ne se dépensant pas en velléités fugitives, resteront concentrées et toutes prêtes pour l'usage sérieux. On comprendra que cette force précieuse ne doit pas s'user à des futilités. Vouloir une chose uniquement parce qu'on la veut, n'est pas digne d'un être raisonnable. Si l'on n'a aucune bonne raison pour soutenir un avis, une résolution, une décision, il y a souvent une excellente raison de l'abandonner : le plaisir ou le bien à faire à ceux qui sont de l'opinion contraire.

Si vous savez vouloir, vous aurez à l'école l'occasion d'appliquer cette science, la première de toutes : je veux parler du travail, de vos études en elles-mêmes. Que de difficultés à vaincre devant lesquelles une volonté lâche s'arrête tout court! On veut bien s'occuper, remplir les heures; en ce sens, on rencontre peu de paresseux. L'oisiveté n'a rien de séduisant; l'inaction fatigue plus vite que le travail. Ce qui fait reculer, c'est l'effort, l'effort continu. L'habitude, heureusement, peut intervenir et là, comme ailleurs, produire un effet bienfaisant.

D'abord il s'y prit mal, puis un peu mieux, puis bien ;
Puis enfin il n'y manqua rien.

Et même s'il y manquait quelque chose, à ce travail, vous aurez bien employé votre temps si vous vous êtes accoutumées à le vouloir aussi parfait que possible : Apporter en toute tâche une conscience minutieuse, n'être satisfait qu'après y avoir mis tout ce qu'on a pu, c'est là une disposition qui irait loin ; il en est peu de plus précieuses. Si l'école vous la donne, vous lui devrez plus que l'instruction, vous lui devrez en partie le bonheur de votre vie, car vous posséderez de quoi gagner l'estime de tous ceux qui vous connaîtront.

CONSEILS.

C'est un devoir, ma fille, que d'employer le temps. Quel usage en faisons-nous ? Peu de gens savent l'estimer selon sa juste valeur : « Rendez-vous compte, dit un ancien, de toutes vos heures, afin, qu'ayant profité du présent, vous ayez moins besoin de l'avenir. » Le temps fuit avec rapidité ; apprenez à vivre, c'est-à-dire à en faire bon usage. Mais la vie se consomme en espérances vaines, à courir après la fortune ou à l'attendre. Tous les hommes sentent le vide de leur état : toujours occupés sans être remplis. Songez que la vie n'est pas dans l'espace du temps, mais dans l'emploi que vous en devez faire. Pensez que vous avez un esprit à cultiver et à nourrir de la vérité, un cœur à épurer et à conduire, et un culte de religion à rendre

Accoutumez-vous à exercer votre esprit et à en faire usage plus que de votre mémoire. Nous nous remplissons la tête d'idées étrangères, et ne tirons rien de notre propre fonds quand nous nous chargeons la mémoire d'histoires et de faits; cela ne contribue guère à la perfection de l'esprit. Il faut s'accoutumer à penser, l'esprit s'étend et s'augmente par l'exercice ; peu de personnes en font usage : c'est chez nous un talent qui se repose que de savoir penser.

Mme de Lambert.

X

Devoirs envers les compagnes. Politesse. Quelle en est la vraie source.

Un de ceux, parmi nos maîtres [1], qui ont le plus contribué à rendre les années d'école agréables et douces, en même temps que fécondes, faisait remarquer un jour que chaque saison de la vie a ses joies, son bonheur propre : qu'il serait injuste de les lui ôter; qu'il est même bon d'aider à les faire éclore. Il ne pensait pas seulement aux plaisirs un peu austères de l'étude en elle-même : acquérir chaque jour des connaissances nouvelles, arriver à comprendre ce qui semblait si obscur d'abord, découvrir le charme, l'agrément caché dans le travail et que l'effort en fait sortir, comme le laboureur de la fable ti-

[1] M. Michel Bréal : Allocution prononcée au Collège Sévigné, à la distribution des diplômes de fin d'études (1887).

rait un trésor de son champ. D'autres joies s'offrent à vous, mais ne viennent pas toutes seules ; là encore « la nature nous vend ce qu'on croit qu'elle donne » ; je veux parler des amitiés avec quelques-unes de vos compagnes, de la bonne entente avec toutes.

Vous le savez, le plaisir de retrouver vos amies chaque jour est pour beaucoup dans votre attachement à l'école. L'amitié, sans doute, n'est pas un sentiment particulier à votre âge ; mais dans les premières années de la vie, l'absence de grandes préoccupations, la fraîcheur, la vivacité des impressions lui donnent une chaleur, un charme qui se retrouvent rarement plus tard. Sansamis, on n'est pas heureux à l'école ; mais pour en avoir, il faut en mériter.

L'amitié se distingue des affections de famille par ses causes d'abord : nous ne choisissons pas nos parents, nos frères, nos sœurs ; nous choisissons nos amis : nous leur avons trouvé telles qualités qui ont éveillé notre sympathie ; s'ils ont répondu à cette sympathie, elle deviendra vite de l'amitié. Les raisons de notre choix ont été bonnes ; espérons-le, du moins ; puis, nous nous attachons souvent à nos amis parce qu'ils sont de notre choix, et qu'en dehors des sentiments en quelque sorte imposés et nécessaires, il nous plaît d'en éprouver d'autres, plus libres, plus désintéressés. Le devoir, une communauté d'intérêts, lient ensemble les membres de la famille ; l'amie, on l'aime uniquement « parce que c'est elle ». Beaucoup de ces liaisons, réconfortantes et douces, d'un grand secours à travers la vie, sont nées à l'école.

On ne s'attache pas de cette manière à toutes ses compagnes ; l'amitié est une distinction, c'est un de ses caractères ; mais la cordialité, la bonne entente peuvent, doivent régner dans l'école entière.

Pourquoi telle jeune fille se sait-elle attendue, accueillie avec plaisir, pourquoi son absence fait-elle un vide sensible, tandis que l'arrivée, la présence ou l'absence de telle autre sont à peine remarquées? Ce n'est pas toujours une grande différence de mérite, c'est le plus ou moins d'affabilité qui produit ces effets. L'obligeance, l'empressement à rendre les petits services qu'on se rend volontiers entre camarades, l'esprit de bienveillance que l'on sent sympathique dans les échecs comme dans les succès, surtout l'attention à ne froisser personne, la politesse enfin, voilà de quoi bien disposer toutes celles qui vivent avec vous. La politesse ne consiste pas seulement, vous le pensez bien, en procédés recommandés autrefois dans les manuels « de la civilité puérile et honnête » où l'on trouvait des préceptes sur la manière d'entrer, de sortir, de saluer, de manger, de se tenir dans les diverses circonstances de la vie. Ces petites recommandations avaient du bon, au reste, et plus d'un gagnerait à les étudier. Mais ce serait vite fait, et ces usages une fois acquis, même appliqués, il ne faudrait pas se croire encore très avancé dans le grand art de la politesse.

Être poli, c'est rendre à chacun ce que chacun est en droit d'attendre de nous; c'est éviter de blesser, de heurter les sentiments d'autrui. On manque à la politesse en prenant des airs de supériorité, en rendant aux autres leur infériorité sensible, si elle existe. On manque à la politesse en se laissant aller à ce qu'un moraliste du XVIIe siècle appelle l'ascendant, c'est-à-dire « une manière impérieuse de dire ses sentiments que peu de gens peuvent souffrir, tant parce qu'elle représente l'image d'une âme fière et hautaine, dont on a naturellement de l'aversion, que parce qu'il semble qu'on veuille dominer sur les esprits et s'en rendre le maître ».

Le même moraliste nous rappelle que « la sécheresse du ton qui ne consiste pas tant dans la dureté des termes que dans le défaut de certains adoucissements, choque aussi pour l'ordinaire, parce qu'elle enferme quelque sorte d'indifférence ou de mépris. Car elle laisse la plaie que la contradiction fait sans aucun remède qui en puisse diminuer la douleur. Or ce n'est pas avoir assez d'égards envers les hommes que de leur faire quelque peine sans la ressentir et sans essayer de l'adoucir, et c'est ce que la sécheresse ne fait point parce qu'elle consiste proprement à ne le point faire et à dire durement des choses dures. On ménage ceux que l'on aime et que l'on estime, et ainsi on témoigne proprement à ceux que l'on ne ménage point, que l'on n'a ni estime, ni amitié pour eux [1].

Tenir compte des autres, ne pas se préférer visiblement à eux, leur laisser la meilleure place, voilà de bien légers sacrifices à faire à la politesse ; ils rapportent plus qu'ils ne coûtent : la réputation d'être bien élevé, la sympathie et l'estime qu'elle procure. Affirmer son droit avec insistance, ne pas vouloir céder sa place, n'est pas toujours un bon moyen de s'en montrer digne : ce n'est pas seulement dans le royaume des cieux que les premiers seront quelquefois les derniers.

Deux de nos grandes écoles militaires ne pouvaient s'entendre sur le salut à se rendre. Laquelle des deux devait saluer la première? On en référa au Ministre. « Quels élèves, lui demanda-t-on, doivent saluer les premiers ? » — « Les plus polis », répondit le Ministre. — On est assez prêt, en effet, à répondre aux politesses d'autrui ; mais on les attend trop souvent, et ainsi on les empêche d'éclore. On croirait compromettre sa dignité en faisant ce qu'on appelle des avances et l'on s'isole dans sa raideur. Il y a là un milieu à garder entre la réserve délicate, dans laquelle j'admets un grain de fierté, qui préserve d'importuner et attend son heure, et la hauteur orgueilleuse qui compte sur les prévenances d'autrui et craint de faire les premiers pas. Ils doivent

[1] Nicole, *Essais de morale.*

être faits, dans les situations inégales, par ceux qui ont plus à donner qu'à recevoir, et une jeune fille moins bien partagée attendra, si elle a du tact, la certitude d'être recherchée.

Le manque de politesse devient presque cruauté quand il blesse ceux qui dépendent de nous. Bien que les enfants n'aient pas d'inférieurs, vous savez bien que certaines personnes sont vis-à-vis d'autres dans des situations dépendantes. Se montrer hautain, arrogant envers qui ne peut répondre sur le même ton, est une inexcusable lâcheté ; c'est abuser d'un avantage fortuit, ajouter aux amertumes des vies moins bien partagées. Je dirai même que la politesse n'a tout son prix que lorsqu'elle s'adresse à ceux qui sont au-dessous de nous, leur témoignant ainsi le compte qu'on fait d'eux. Le même sentiment inspirera la douceur et les égards vis-à-vis de ceux que l'on peut obliger ; en manquer, c'est enlever tout son prix au service rendu ; c'est le rendre lourd, presque insupportable : une obligation pèse toujours un peu : combien plus si nous sommes humiliés en même temps qu'obligés !

Je vous rappellerai à ce propos le mot charmant d'une grande dame du siècle dernier, qui, partageant la retraite de son mari après la disgrâce de celui-ci, expliquait à une amie pourquoi elle se tenait à l'écart, s'affranchissait de certains devoirs mondains. « Je n'ai plus besoin de plaire à personne, disait-elle, puisque personne n'a plus besoin de moi ». — Plaire à ceux qui ont besoin de vous, se faire pardonner la supériorité de celui qui oblige sur celui qui est obligé, voilà la vraie politesse, qui n'est autre chose que la délicate bonté. On a dit de la politesse que :

> De la bonté du cœur elle est la douce image ;

mais ce n'est pas assez. Elle en est la vivante et active expression : ceux qui l'oublient sont insensibles à la souffrance causée par le manque d'égards ; ils font preuve de quelque dureté.

LA POLITESSE.

Les manières, que l'on néglige comme de petites choses, sont souvent ce qui fait que les hommes décident de vous en bien ou en mal. Une légère attention à les avoir douces et polies prévient leurs mauvais jugements. Il ne faut presque rien pour être cru dur, incivil, méprisant, désobligeant; il faut encore moins pour être estimé tout le contraire.

La politesse n'inspire pas toujours la bonté, l'équité, la complaisance, la gratitude ; elle en donne du moins les apparences et fait paraître l'homme au dehors comme il devrait être intérieurement.

L'on peut définir l'esprit de politesse; l'on ne peut en fixer la pratique : elle suit l'usage et les coutumes reçues, elle est attachée aux temps, aux lieux, aux personnes, et n'est point la même dans les deux sexes, ni dans les différentes conditions; l'esprit tout seul ne le fait point deviner: il fait qu'on le suit par imitation, et que l'on s'y perfectionne. Il semble que l'esprit de politesse est une certaine attention à faire que par vos paroles et par vos manières les autres soient contents de vous et d'eux-mêmes.

LA BRUYÈRE.

La politesse est l'expression ou l'imitation des vertus sociales; c'en est l'expression, si elle est vraie et l'imitation, si elle est fausse, et les vertus sociales sont celles qui nous rendent utiles et agréables à ceux avec qui nous avons à vivre.

DUCLOS.

XI

RÔLE DES ANNÉES D'ÉCOLE DANS LA FORMATION DU CARACTÈRE. EXACTITUDE, ORDRE, MÉTHODE; NÉCESSITÉ DE L'EFFORT PERSONNEL, SEULE CONDITION DU SUCCÈS.

Aujourd'hui, mes enfants, nous allons chercher ensemble l'explication d'un fait qui n'est pas sans avoir arrêté l'attention de quelques-unes d'entre vous. Vous voici réunies dans une même classe ; vous recevez les mêmes leçons, vous avez toutes le désir de bien faire, vous y êtes conduites, excitées de même façon. Sauf des exceptions aussi rares en mal qu'en bien, vos aptitudes sont à peu près semblables, vos intentions sont en général les meilleures du monde ; vous ne manquez ni de facilité à comprendre, ni de douceur, ni de docilité, pourquoi les mêmes d'entre vous remportent-elles toujours les succès, réjouissent-elles le cœur de leurs parents, tandis que les mêmes sont éternellement en retard, éternellement en arrière, incapables de faire plaisir à personne, malheureuses de cette incapacité? Pourquoi enfin y a-t-il dans vos vies, qui semblent être pareilles, toute la différence qui sépare le bonheur du chagrin ?

Vous allez me dire que les unes sont bien douées, les autres, non ; avec de la mémoire, le travail est plus rapide, plus facile. Êtes-vous entièrement sûres que ce soient ces avantages-là qui seuls fassent réussir? Ne savez-vous pas depuis longtemps que les meilleures jambes n'arrivent pas toujours les premières au but? — Je pense, moi, qu'il faut trouver une autre réponse et voici celle que je propose : parmi vous, les unes savent bien le prix de l'heure présente, les autres comptent sur demain, le plus grand ennemi d'aujourd'hui.

Loin de moi, mes enfants, l'idée que vous puissiez manquer de conscience et ne pas faire ce que vous avez à faire ; vous êtes d'honnêtes enfants et vous rougiriez de venir à l'école sans avoir des devoirs à présenter. Mais chaque jour amène sa besogne ; si vous entassez sur un seul la besogne de plusieurs, comment sera-t-elle faite ? Quel fruit produira-t-elle ? Forcées de terminer en quelques heures le travail de plusieurs jours, vous ne retirerez de ce travail qu'un grand mal de tête ; il ne satisfera personne, ne vous apprendra que peu de chose ou rien et, pour avoir gaspillé une partie de votre temps, vous perdrez même celui qui est bien employé.

Suivez les conseils de vos maîtresses et sachez distribuer vos heures : vous serez tout étonnées de vous voir si riches. Vous trouverez du temps non seulement pour le travail, mais pour le plaisir, la fantaisie, les lectures amusantes.

Le carnet où vous inscrivez vos devoirs indique nettement les cours à préparer dans la semaine ; vous savez déjà le lundi ce que vous devrez faire pour le lundi suivant. En consultant votre carnet au jour le jour seulement, vous verrez certains jours très chargés, d'autres beaucoup moins ; les tâches s'égalisent si vous savez prévoir, réserver au travail demandant un peu d'effort une matinée de congé. Celle du jeudi peut servir à alléger le travail de toute la semaine. Employez-la à ce qui demande un travail suivi, la composition française, par exemple. Vous ne feriez rien qui vaille en comptant pour ce devoir-là sur une heure isolée. Vous savez bien, n'est-ce pas, qu'il n'est pas très commode de trouver « des idées », de les relier entre elles ; pas d'oiseau n'a les ailes plus légères pour s'envoler plus vite et plus loin ; quand on les tient, il faut bien les garder ; le lendemain, il ne servirait de rien peut-être de vouloir les rattraper. Mais cette même heure mal employée pour un genre de travail, convient fort bien pour un autre ; il s'agit de savoir lequel ; ce n'est pas difficile à trouver. Le plan de travail une fois fait, en tenant compte de cette sorte de gradation dans les difficultés, la grande affaire est de le suivre, sans y manquer jamais. Ici intervient encore votre amie, la bonne habitude ; elle vous montrera ce que vous avez gagné à vous arranger avec ce savoir faire : vous voici délivrées de l'appréhension, plus pénible que le travail lui-même, quel qu'il soit ; ayant mis à une besogne déterminée le temps qui convient, il est probable qu'elle sera bien faite ; vous aurez gagné du temps que vous emploierez à lire pour votre seul agrément, dont vous ferez l'usage qu'il vous plaira ; ce temps sera bien à vous, puisque vous l'avez conquis sur le travail, et en l'employant à votre gré, vous n'éprouverez pas ce petit serrement de cœur secret que connaissent bien les « perdeurs de temps » négligeant le nécessaire pour l'amusant.

Vous trouverez tant d'avantages à régler ainsi vos journées, vos semaines, que vous porterez ce même ordre dans vos occupations plus tard. Il vous deviendra impossible de négliger un devoir pour une futilité, et vous jouirez des plaisirs de la vie comme de vos récréations à l'école : elles vous semblent si agréables parce que le travail qui les précède leur donne toute leur saveur. Aucune de vous ne méritera jamais la satire cruelle qu'un jeune homme faisait un jour d'une jeune fille. On jouait au jeu des questions et à celle-ci : « quel est, selon vous, l'idéal de la misère humaine ? ce jeune homme répondit en regardant une de ses cousines : « Une femme non peignée lisant des romans le matin dans une chambre non faite » !

Car la lecture purement amusante n'est, vous le savez,

permise qu'aux malades, ou bien, comme tous les plaisirs, après le travail.

Vous connaissez le proverbe de nos voisins, gens pratiques : « le temps, c'est de l'argent ». C'est bien davantage. Le temps est toute chose, à condition seulement de l'employer, non de le remplir, de le passer. Passer le temps ! quelle expression désolante ! Il y a tant à faire pour les cœurs de bonne volonté ! Dans la jeunesse, il y a tout à apprendre pour se mettre en état plus tard de bien agir. Pas une heure, pas une minute à perdre. Nous sommes en ce monde pour travailler ; le repos n'est permis qu'après l'action, pour la faciliter, la rendre efficace ; il ne sera d'ailleurs légitime et doux qu'à ce prix.

LE TEMPS PERDU.

Si peu d'œuvres pour tant de fatigue et d'ennui
De stériles soucis notre journée est pleine,
Leur meute sans pitié nous chasse à perdre haleine,
Nous pousse, nous dévore et l'heure utile a fui.

« Demain, j'irai demain voir ce pauvre chez lui,
» Demain je reprendrai ce livre ouvert à peine,
» Demain je te dirai, mon âme, où je te mène,
» Demain je serai juste et fort... Pas aujourd'hui. »

Aujourd'hui que de soins, de pas et de visites
Oh ! l'implacable essaim des devoirs parasites
Qui pullulent autour de nos tasses de thé.

Ainsi chôment le cœur, la pensée et le livre
Et pendant qu'on se tue à différer de vivre
Le vrai devoir dans l'ombre attend la volonté.

SULLY PRUDHOMME[1].

[1] Lemerre, éditeur.

XII

SOCIABILITÉ. SES BIENFAITS. ÉMULATION, RIVALITÉ PEUVENT EXISTER SANS HAINE. A LA PLACE DE CETTE FORMULE : LUTTE POUR LA VIE, IL SERAIT BEAU DE VOIR SE RÉPANDRE CELLE DE LA CONCORDE POUR LA VIE.

Le laboureur m'a dit en songe : Fais ton pain,
Je ne te nourris plus, gratte la terre et sème.
Le tisserand m'a dit : Fais tes habits toi-même
Et le maçon m'a dit : Prends la truelle en main.

Et seul, abondonné de tout le genre humain
Dont je traînais partout l'implacable anathème,
Quand j'implorais du ciel une pitié suprême,
Je trouvais des lions debout sur mon chemin.

J'ouvris les yeux, doutant si l'aube était réelle :
De hardis compagnons sifflaient sur leur échelle,
Les métiers bourdonnaient, les champs étaient semés.

Je connus mon bonheur, et qu'au monde où nous sommes
Nul ne se peut vanter de se passer des hommes
Et depuis ce jour-là je les ai tous aimés.

SULLY PRUDHOMME[1].

Si le songe du poète devenait une réalité, l'homme périrait ; selon la vieille définition, il ne peut vivre qu'en société ; c'est ce besoin d'association avec ses semblables qui a fait sa grandeur, assuré sa victoire sur les forces naturelles, ses ennemies d'abord, maintenant ses servantes pour la plupart. L'homme isolé ou même

[1] Lemerre, éditeur.

groupé par familles, sans liens les unes avec les autres, aurait pu peut-être subvenir à ses besoins de nourriture, de vêtement, d'abri; mais quelle vie misérable! A peine eût-il connu quelques humbles métiers; jamais il n'eût traversé les mers, entrepris les grands travaux qui rapprochent toutes les parties du monde, qui permettent l'échange de leurs différents produits, grâce auxquels le moindre parmi nous emploie chaque jour pour son usage personnel les productions de l'Asie, de l'Afrique, de l'Amérique, comme celles de son propre jardin; les arts, les sciences, aujourd'hui le commun patrimoine de tous, sans lequel la vie perdrait presque tout son prix, ne seraient pas nés, ou n'auraient reçu aucun développement.

Le travail des uns épargne aux autres la peine de semer, de récolter, de tisser et de maçonner, les laisse libres pour d'autres travaux plus en rapport avec leurs aptitudes et leurs goûts. Si Homère, si Victor Hugo avaient été forcés de préparer eux-mêmes leur nourriture, de bâtir eux-mêmes leurs demeures, nous n'aurions pas *l'Iliade*, ni *la Légende des siècles*. Vous-même, toute proportion gardée, pouvez avoir telle vocation qui jamais ne serait remplie, s'il vous fallait travailler directement à satisfaire chacun de vos besoins. Les dons, les facultés sont inégalement partagés : l'un aura la vigueur physique, ou l'adresse des doigts : l'autre, la souplesse d'intelligence, la force, la vivacité de conception, nécessaires à certaines professions. Mais chacun a besoin de tous; ceux qui portent en eux de quoi devenir des savants, des lettrés, des artistes, ne peuvent se passer d'être abrités, vêtus, nourris :

> Et Balzac et Vaugelas, si savants en beaux mots,
> En cuisine peut-être auraient été des sots.

Nous avons donc quelque obligation à ceux qui se

chargeant de la grosse besogne, permettent aux mieux doués de cultiver les fleurs de la vie. En cueillant la rose, en savourant la pêche, ayons une pensée reconnaissante pour le jardinier qui nous a préparé ces jouissances.

Aujourd'hui, ce n'est plus l'isolement qui est à craindre; en chaque profession, c'est de l'encombrement que l'on souffre plutôt. La vie est un concours perpétuel, où les prix ne sont pas toujours décernés avec le même esprit de bienveillance qu'à l'école. Il ne s'agit plus seulement de bien faire ; pour réussir, il faut faire mieux que les concurrents. Mais en est-on moins tenu à respecter leurs droits? La lutte est pacifique ou peut l'être ; le succès de l'un n'a pas pour conséquence forcée la perte de l'autre. D'ailleurs, si vous l'emportez, vous manqueriez de générosité en accablant ou même en oubliant les faibles au milieu de votre victoire ; si d'autres font mieux que vous, la justice défend d'envisager leur supériorité avec trop d'amertume.

Il est naturel, il est légitime que vous recherchiez votre bien premièrement ; ce qui serait odieux, ce serait de le rechercher uniquement, sans aucun souci du bien d'autrui.

Peut-être, mes enfants, connaissez-vous une expression qui de la science est passée dans le langage courant, celle de « la lutte pour la vie ». Si l'on ne s'y servait que d'armes « courtoises », dont les blessures ne soient pas mortelles, il y aurait de quoi se consoler des idées sombres que fait naître ce mot de lutte : des savants prétendent qu'elle est utile au progrès. Mais ne verrons-nous jamais rien de meilleur que la lutte?

Un romancier américain a imaginé un monde où chacun est heureux ; les hommes y sont encore sujets à la maladie et à la mort, tous les autres fléaux ont disparu. Au lieu de la lutte pour la vie, les membres de cette société idéale font régner chez eux la concorde pour la vie. Chacun pour tous est leur devise; tous ensemble veillent au bonheur de chacun; aucune force n'est perdue; elles sont mises en commun et employées au bien général. La justice et la fraternité règlent toutes les relations; chacun donnant tout ce qu'il peut donner reçoit en échange tout ce qu'il mérite. Cet âge d'or est d'ailleurs à venir, contrairement à la tradition peu encourageante d'un âge d'or dans le lointain passé; l'auteur nous le promet dans quelques siècles; nos arrière-neveux en jouiront.

En attendant son éclosion, tâchons de ne pas voir des ennemis dans nos concurrents et rivaux. Fondons notre succès sur la valeur de notre travail, non sur la médiocrité d'autrui. Vous connaissez ce sentiment aimable qui à l'école fait applaudir au triomphe d'une compagne; gardez-en quelque chose. Si vous n'apprenez à faire votre joie de celle des autres, il faudra vous résigner à n'avoir dans la vie qu'une part bien mince de joies.

Je vous suppose volontiers capables de ces bons sentiments, du moins d'en sentir la valeur : ils ne suffiraient pas cependant à faire de vous des personnes sociables, c'est-à-dire des personnes avec qui l'on se plaise et qui se plaisent elles-mêmes dans la compagnie de leurs semblables.

Ces deux points, mes enfants, n'en font qu'un; si vous plaisez aux autres, vous vous plairez avec eux; vous aimerez en eux le plaisir que vous leur procurez. Que faut-il donc pour plaire aux autres? La réponse est simple. Pourquoi aimez-vous mieux vous rencontrer avec certaines personnes, pourquoi vous tenez vous volontiers éloignées d'autres? Ce n'est pas toujours l'esprit ni le mérite qui attirent, ou plutôt, ils peuvent attirer, mais ne retiennent qu'accompagnés de bonté, de sincérité. Vous aimez, n'est-ce pas, qu'on tienne compte de vous, et vous sentez fort bien la différence entre un intérêt de surface et le véritable intérêt qui vous est témoigné ; eh bien, traitez les autres précisément comme vous aimez être traitées vous-mêmes.

Si un peu d'effort est nécessaire pour acquérir la sociabilité, je vous conseille de faire cet effort et de le répéter jusqu'au succès, car bien peu de qualités sont aussi indispensables à réussir dans la vie. C'est un grand secours que la bienveillance générale, et l'isolement, sauf rares exceptions, est une cause de tristesse et de faiblesse. La solitude a du bon parfois, elle peut être nécessaire à certains travaux. Mais si j'entendais une jeune fille ou une femme répéter trop souvent « j'aime être seule le plus possible », je ne pourrais m'empêcher de traduire par « je me soucie peu de la sympathie des autres ; je n'aime pas me gêner, m'imposer une contrainte pour eux ». Il y a d'ailleurs quelque chose de peu naturel, de malsain dans le besoin continuel de solitude.

Il est bon de parler, et meilleur de se taire,
Mais tous deux sont mauvais, alors qu'ils sont outrés.

On a dit que « si l'homme est un animal sociable, le Français est plus homme qu'un autre » parce qu'il aime vivre hors de chez soi. Et la Française surtout, a-t-on prétendu, n'étant jamais plus heureuse qu'en visites ou en réceptions, ne garde pas à l'intimité de la famille la place qui lui convient. S'il en était ainsi, ce ne serait pas la sociabilité qu'il faudrait accuser, mais le goût du bavardage futile, du gaspillage des jours, deux tendances absolument inconciliables avec toute vie sérieuse et utile. Ces défauts-là ne peuvent être ceux d'honnêtes travailleurs ; l'oisiveté les engendre entre autres produits malfaisants ; ils témoignent assurément d'un vide incurable d'esprit et de cœur.

Mais s'il est vrai d'autre part que les femmes françaises ont toujours su, mieux que d'autres, rendre leurs maisons aimables et accueillantes, souhaitons de garder précieusement ce don et tout ce qu'il suppose de qualités charmantes. La vie de famille est la vraie vie, certes ; mais elle-même serait incomplète si elle n'était diversifiée, égayée, agrandie par de bons rapports au dehors.

CONSEILS.

Le premier devoir de la vie civile est de songer aux autres. Ceux qui ne vivent que pour eux tombent dans le mépris et dans l'abandon. Quand vous voudrez trop exiger des autres, on vous refusera tout, amitié, sentiments, services. La vie civile est un commerce d'offices mutuels ; le plus honnête y met davantage : en songeant au bonheur des autres, vous assurez le vôtre ; c'est habileté que de penser ainsi.

Mme DE LAMBERT.

XIII

LA BONTÉ, LA PITIÉ. CE QU'ELLES ONT FAIT POUR L'HOMME ! LES DEUX GRANDS PRÉCEPTES RELIGIEUX : NE FAIS PAS A AUTRUI CE QUE TU NE VOUDRAIS PAS QU'ON TE FÎT — ET FAIS A AUTRUI CE QUE TU VOUDRAIS QU'ON TE FÎT, RÉSUMÉS PAR CES MOTS : JUSTICE, CHARITÉ.

« Lorsque Dieu créa le cœur de l'homme, il y mit premièrement la bonté, comme la marque de son essence divine. » Celui qui a écrit ces mots comprenait la grandeur de ce sentiment de sympathie qui nous lie à nos semblables, source de tout ce qui est bon, et d'où est né le principe dont nous vivons : la justice.

Dans la nature, la justice n'existe pas. Un de nos grands poètes contemporains raconte dans de belles pages ses vaines recherches pour la trouver. Il n'a vu partout que l'implacable dureté des lois naturelles, les sacrifices sanglants nécessaires à la conservation de tout être vivant :

Ainsi tout animal, de l'insecte au géant,
En quête de la proie utile à sa croissance
Est un gouffre qui rôde, affamé par essence,
Assouvi par hasard, et par instinct béant.

Aveugle exécuteur d'un mal obligatoire
Chaque vivant promène, écrit sur sa mâchoire,
L'arrêt de mort d'un autre, exigé par sa faim.
. . . .

Si la justice est absente des rapports des espèces vivantes entre elles, elle n'apparait pas davantage chez l'homme, dans les rapports des individus entre eux. Vous savez qu'ils naissent inégaux : les uns sont beaux, vigoureux, intelligents, les autres n'ont rien, pas même comme l'agneau de la fable, la patience et la douceur pour se résigner à ce qui leur manque. Dans votre classe déjà, mes enfants, vous pouvez constater des différences : que l'une de vous soit d'une santé délicate, comment aura-t-elle l'assiduité régulière sans laquelle le travail n'aboutit à rien ? C'est là une cause d'infériorité dont elle n'est pas responsable, qui n'en pèse pas moins sur elle. Les unes comprennent vite, retiennent aisément ; les autres saisissent difficilement, ou manquent de mémoire. La volonté sans doute peut intervenir, réparer les inégalités, mais il serait puéril de ne pas les reconnaître. Elles s'accentueront même quelquefois plus tard, ne serait-ce que par la confiance en eux-mêmes, sérieux élément de succès pour les bien doués, et la défiance habituelle de soi qui ajoute tant à la faiblesse des autres. Vaincus d'avance, ceux-ci, ils semblent condamnés à manger les restes « de l'adroit, du vigilant, du fort » assis à la première de ces deux tables que, d'après La Fontaine, Jupiter a faites « pour chaque état ».

Ils le seraient irrévocablement si la justice, inconnue de l'impassible nature, n'existait dans le cœur de l'homme. Elle a été éveillée à une vie qui ne peut plus s'éteindre par la sympathie, la pitié, la bonté : ce sont ces sentiments qui ont créé les droits des faibles, les ont rendus sacrés aux forts. L'homme civilisé s'est fait, comme les preux d'autrefois, le grand redresseur des torts, des injustices de l'aveugle destinée.

Maintenant que nous connaissons la justice, que ses droits, souvent violés, hélas ! ne sont du moins jamais niés, suffira-t-elle à régler nos rapports avec nos semblables. D'excellents esprits pensent que la raison et la justice doivent être nos seuls guides ; selon ceux-ci la pitié n'est qu'une faiblesse dont il faut se défendre. Mais nous sentons pourtant que cette émotion stimule énergiquement à adoucir les souffrances ; voudrions-nous vivre parmi des hommes incapables de ressentir les maux d'autrui, regardant d'un œil froid toute peine en dehors d'eux-mêmes, la secourant, mais sans ajouter aucune émotion personnelle à ce secours purement extérieur. Que de peines profondes resteraient alors sans secours ! L'homme ne vit pas seulement de pain ; il a besoin du cœur de ses semblables ; la sympathie seule sert à panser certaines plaies.

La pitié ne doit pas troubler, obscurcir le jugement ; comme tous nos sentiments, elle doit être gouvernée par la raison ; mais en présence des misères, des souffrances à soulager, la bonté elle-même resterait froide sans la pitié. Le raisonnement, la volonté peuvent bien nous faire agir selon le devoir : il produira peu sans l'impulsion chaude et vivante qui nous fait trouver un plaisir personnel dans le soulagement de la peine d'autrui, qui nous empêche de goûter le repos quand d'autres souffrent, qui enfin leur fait sentir que ce que nous faisons pour eux « vient du cœur », comme disent les bonnes gens. Ce sentiment sera doux au malheureux, aussi doux que le bienfait lui-même : la pitié seule peut le donner. Elle nous égare parfois, il est vrai ; mais on peut lui appliquer ce qui a été dit d'autres passions : elles ressemblent aux vents qui gonflent les voiles du vaisseau ; elles le font sombrer quelquefois ; mais sans eux le navire ne marcherait pas.

Tâchons de ne pas sombrer ; nous avons une intelligence comme nous avons un cœur ; l'une doit éclairer l'autre ; écoutons ses conseils.

Elle nous apprendra à satisfaire le besoin d'être secourables et bienfaisantes, nous dira dans quelle mesure, dans quelle direction nous devons agir, nous montrera ce que la réflexion, le discernement donnent d'efficacité à la bonne volonté, et que sans eux les meilleures intentions restent stériles ou même produisent des effets contraires au but désiré ; elle nous fera comprendre aussi que combattre le mal chez les autres, c'est travailler pour nous-mêmes, pour notre bien, pour notre repos.

Les devoirs imposés par la justice sont exprimés dans ce grand précepte : « Ne fais pas à autrui ce que tu ne voudrais pas qu'on te fît », c'est-à-dire, abstiens-toi du mal. Vous ne croirez pas, mes enfants, avoir rempli tout votre devoir en vous bornant à cette abstention. Elle est imposée par les lois positives de tous les pays civilisés, comme par l'intérêt bien compris de chacun : être méchant coûte souvent plus que cela ne rapporte; on s'en convaincra en réfléchissant un peu; si vous vous borniez à ne pas faire le mal, l'opinion que vous donneriez de vous serait mince, comme votre mérite.

Vous savez qu'il y a du bien à faire; pensez-vous être en paix avec vous-mêmes sans ajouter au premier précepte un autre tout de bienfaisante action : « Fais à autrui ce que tu voudrais qu'on te fît », c'est-à-dire aime ton prochain, sois charitable? La charité est le meilleur moyen de servir la justice, car elle lutte contre le mal, qu'il vienne de la nature ou qu'il vienne des hommes ; elle cherche à établir dans le monde plus d'harmonie, à faire les parts plus égales ; c'est elle qui pense aux oubliés, aux dédaignés, aux pauvres, les prend par la main et leur dit d'espérer.

DIVISION DES DEVOIRS.

Pour désigner les deux ordres de devoirs, devoir de ne pas nuire, devoir de servir, on les appelle quelquefois devoir négatif et devoir positif, ou devoir parfait et devoir imparfait, ou encore devoir de justice et devoir de charité ou de bienveillance.

La qualification de devoir parfait et devoir imparfait pourrait induire en erreur: voici sur quoi elle est fondée. Les devoirs parfaits comportent une désignation précise; ils peuvent être nettement déterminés : « Tu ne déroberas pas », et cela s'entend même d'une obole. « Tu donneras », la loi ne peut pas dire dans quelle mesure. Elle n'ordonne pas de se dépouiller, ni de donner pour des besoins qui ne seraient pas extrêmes. La limite est donc laissée dans le vague et c'est pourquoi le devoir se dit imparfait.

Il n'est pas exact de nommer le devoir de ne pas nuire devoir de justice et le devoir de servir devoir de charité. D'abord, ce sont deux devoirs de justice. Celui qui, pouvant guérir un malade, le laisse souffrir, viole la loi du devoir : il manque à la justice. Ensuite ce terme de charité ou de bienveillance, ou de libéralité indique un don gratuit, et par conséquent ne peut s'appliquer à un devoir. Nous avons bien de la peine à ne pas nous admirer toutes les fois que nous faisons du bien. Nous voulons passer pour généreux, lors même que nous ne sommes qu'honnêtes.

Deux circonstances concourent encore à nous tromper. L'une, c'est que la loi civile ne peut réglementer que les devoirs parfaits; l'autre, c'est que les devoirs imparfaits échappent à toute poursuite précise; il est difficile de savoir exactement où finit l'accomplissement du devoir, où commence la libéralité.

Mais que cela ne nous trompe pas sur l'obligation stricte, absolue, universelle, que la morale nous impose, de servir les hommes de nos biens, de notre temps, de nos lumières, de leur être, en toute occasion, non un ennemi, ni même un indifférent, mais un frère. Il y a un mot dans l'Evangile qui revient sans cesse, et qu'on devrait écrire à toutes les pages d'un livre de morale : « Aimez-vous les uns les autres », car c'est la loi et les prophètes.

JULES SIMON [1].

XIV

DEVOIRS DE JUSTICE. RESPECT DE LA VIE HUMAINE. DUEL, SUICIDE, ASSASSINAT POLITIQUE. CAS DE LÉGITIME DÉFENSE.

Le sentiment de la justice remplit l'âme humaine et domine notre vie morale. Juste et bon sont synonymes ;

[1] *Le Devoir*. Hachette, éditeur.

l'horreur de l'injustice est devenue en nous presque instinctive. L'enfant qui se croit blâmé ou puni injustement souffre de cette injustice infiniment plus que de la punition. Et ce n'est pas pour lui seul qu'il sent cet impérieux besoin de justice; il applaudira au triomphe mérité, même à ses dépens. Il est intéressant de voir comment dans une classe, par exemple, les enfants se constituent naïvement gardiens de la justice. « C'est juste, ou c'est injuste », est une expression que l'on retrouve constamment dans leur bouche. Ils se trompent souvent dans ces jugements sommaires ; ils n'ont ni la connaissance complète des questions, ni les lumières nécessaires pour en décider ; ils jugent d'après des impressions non contrôlées par la réflexion. Mais l'injustice réelle ou supposée leur inspire une indignation profonde.

Vous comprendrez donc aisément toute l'importance des devoirs de justice. S'ils n'étaient pas observés, il n'y aurait ni civilisation, ni société, mais simplement la vie de la brute. Aussi ne dépendent-ils pas seulement de notre plus ou moins bonne volonté, mais sont-ils sous la garde de la loi, qui veille à leur exécution et punit leur transgression.

Le premier de ces devoirs correspond au premier droi de l'homme : celui de vivre.

La vie nous est donnée pour remplir des devoirs, adoucir les souffrances dont sont encore victimes tant d'êtres humains, réaliser la justice ; nous vivons pour cultiver en nous de belles, de nobles facultés, pour nous élever de plus en plus par l'habitude du bien, pour qu'il y ait en ce monde des êtres sachant préférer ce qui est beau, ce qui est bien, aux plaisirs grossiers, à l'intérêt passager. C'est pourquoi la vie humaine est infiniment précieuse ; rien n'égale notre horreur pour ceux qui attentent à la vie de leurs semblables : « Tu ne tueras point. » Voilà la règle absolue, sans aucune atténuation, dont l'oubli est châtié de la façon la plus terrible dans le monde civilisé tout entier.

La vie humaine seule a ce caractère sacré, parce que l'homme seul a des devoirs à remplir et qu'il est criminel de l'en empêcher.

Pour toutes sortes de raisons, physiologiques ou autres, nous tuons les animaux : la conservation de notre propre vie nous y oblige : nécessité fait loi. D'ailleurs les animaux n'étant pas des personnes, nous avons des devoirs relatifs à eux, mais non envers eux. Traiter avec cruauté les animaux domestiques est une lâche brutalité ; j'aurais même mauvaise opinion d'une jeune fille qui manquerait d'égards envers ces humbles amis, ces serviteurs si utiles. Il faut les rendre heureux : ils le sont à peu de frais ; on se doit à soi-même, non seulement de ne pas les faire souffrir, mais de les soulager, de ne pas les laisser souffrir s'il est possible. De devoirs proprement dits, nous n'en avons qu'envers nos semblables.

Le meurtre est toujours criminel, même quand les motifs du meurtrier ne le sont pas. On comprend l'indignation de la malheureuse Charlotte Corday, quand, au cours de son procès, Fouquier-Tinville faisait remarquer qu'elle avait habilement frappé et ajoutait : « Apparemment vous vous étiez d'avance bien exercée. » — « O le monstre ! s'écria-t-elle, il me prend pour un assassin ! » Ses intentions étaient si pures, son héroïsme, digne de Corneille, son aïeul, faisait si volontiers le sacrifice de sa vie pour sauver la patrie ! Son acte pourtant ne fit qu'ajouter aux malheurs du pays : le bien ne peut sortir du crime ; l'assassinat éveille les vengeances, attise des haines nouvelles, n'apporte pas le salut. — L'assassin politique se fait à la fois accusateur, juge et bourreau. De quel droit a-t-il prononcé, puis exécuté l'arrêt terrible qui retranche une vie humaine, quelquefois plusieurs ? Il se croit magnanime parce qu'il expose sa propre vie; mais il a moins le sentiment de la justice que ce bourreau qui répondait aux agents de la Saint-Barthélemy l'engageant à se joindre aux tueurs : « Je n'exécute qu'après arrêt des tribunaux. »

Même quand le crime est avéré, patent, la société donne au criminel tous les moyens possibles de se défendre; avant de prononcer l'arrêt, les juges réunissent des preuves, interrogent des témoins, étudient tout ce qui peut les éclairer sur les circonstances du fait, et c'est après de longues recherches, après avoir entendu tout ce qui peut se dire pour la défense de l'accusé, consulté des consciences impartiales et désintéressées, qu'ils rendent un arrêt. Il n'y aurait plus de sécurité pour personne si un seul individu avait ainsi le droit de se substituer aux lois et à la justice du pays.

Puisque nous avons une tâche à remplir et que nous vivons pour ce devoir, il ne nous est pas plus permis d'attenter à notre propre vie qu'à celle d'autrui. Le suicide qui, dans certains cas, était admis par les anciens, comme l'assassinat politique, ne nous semble plus qu'une désertion de tous les devoirs.

Dire que cette crainte de la souffrance prolongée, de la lutte pénible, quelquefois du déshonneur, ce besoin d'y échapper, même au prix de la vie, dénotent un cœur lâche, ne serait peut-être pas tout à fait exact. Il faut de l'énergie pour dominer l'instinct de la conservation, le plus puissant de tous. Mais, c'est un cœur odieusement égoïste que celui qui n'est pas retenu par la crainte d'abandonner les siens, de les désespérer, qui leur impose le fardeau qu'il rejette, avec la honte de sa fin. Personne n'est seul dans la vie ni libre de devoirs; personne n'a donc le droit d'employer son énergie à se soustraire au devoir, au lieu de recommencer le combat : rendre ainsi les armes, c'est faire faillite à la vie, au bien.

La barbarie des temps anciens a laissé des traces dans

quelques-unes de nos habitudes, celle du duel, par exemple. Rien d'absurde à la réflexion comme cette coutume. Un homme est ou se croit insulté par un autre; comme réparation, il exige que l'insulteur lui fournisse le moyen de tuer ou d'être tué, tout au moins blessé : c'est l'antique « jugement de Dieu », et l'on se demande quand la raison et la morale arriveront à nous en délivrer. — Je dois vous faire remarquer pourtant que ce n'est jamais sans motifs sérieux qu'un usage persiste ainsi à travers les âges. Primitivement, dans les temps de violence, le duel a été un grand progrès. Au lieu de se jeter les uns sur les autres comme des bêtes brutes et de s'entre-déchirer, les adversaires, au moyen du duel, vidaient leurs querelles dans des combats réglés, sous les yeux de témoins qui veillaient à ce que tout se passât dans les formes convenues. L'intervalle entre l'offense et la réparation permettait quelquefois d'apaiser des querelles nées d'un malentendu, calmait les fureurs premières. Aujourd'hui même, le duel prévient ou empêche les violences grossières. Les combats à coups de poing et à coups de pied sont assurément moins meurtriers que les luttes à l'épée : il faut avouer qu'ils sont plus répugnants.

Ce qui vaudrait mieux, ce serait de résoudre les différends — inévitables entre les hommes — d'une façon plus raisonnable, plus pacifique, en s'en rapportant au jugement d'honnêtes gens désintéressés dans la question. Le duel n'est pas aussi fréquent dans d'autres pays, en Angleterre, par exemple, qu'en France. Or, il serait inexact autant qu'injuste de croire les Anglais moins soucieux de l'honneur que nous ne le sommes. Espérons le progrès sur ce point comme en tant d'autres, et en l'attendant, faisons de notre mieux, femmes et jeunes filles, pour maintenir l'union dans le petit cercle où vit chacune de nous.

Si vous voulez bien comprendre ce que le duel peut avoir de funeste, imaginez, la chose n'est pas impossible, un honnête homme ayant tué son adversaire en duel. Ce sont deux vies perdues ; le meurtrier ne connaîtra plus un instant de repos. Il aura beau raisonner sur l'opinion d'autrui, sur l'honneur à sauvegarder, il n'oubliera jamais le cadavre de sa victime ; il n'échappera pas à cette vision vengeresse.

Une seule circonstance excuse le meurtre et cette apparente exception est une confirmation de la règle. La vie humaine étant précieuse, tout moyen est bon pour la défendre quand elle est injustement attaquée. Si vous ne pouvez conserver votre vie menacée qu'en supprimant celle de l'assassin, vous en avez le droit, même le devoir.

Et à la guerre, pouvez-vous demander, que devient le respect de la vie humaine ? On vous répondra qu'il y a plusieurs sortes de guerres ; il en est d'injustes ; il en est de justes, de saintes. Les nations ont une vie à elles, comme les individus. Cette vie propre, c'est ce que l'on appelle l'indépendance nationale, le droit pour nous, par exemple d'être Français et non pas autre chose. Qu'un peuple vienne attaquer ce droit, notre devoir sera de le défendre, les hommes de leur sang, les femmes de sacrifices plus douloureux encore, du sang de ceux qui leur sont chers.

Ainsi la légitime défense contre des assassins ou des agresseurs injustes qui voudraient s'emparer de notre territoire, ce sont là les deux seuls cas où le devoir de nous préserver doit primer tous les autres.

La loi protège la vie humaine non seulement contre la violence, mais même contre l'imprudence, la légèreté, l'ignorance : le pharmacien qui donne du poison pour un médicament ; l'aiguilleur de chemin de fer qui se trompe de signal et amène une catastrophe ne sont pas des assassins sans doute ; ils sont responsables cependant devant la loi comme devant leur conscience d'erreurs dont les conséquences sont si graves. Cette responsabilité est de toute justice ; ce ne sont pas fautes légères que l'imprudence ou l'inexactitude dont le résultat est mortel. Certaines professions supposent certaines qualités : le Distrait de La Bruyère eût été criminel en se faisant pharmacien ; un pharmacien sans attention, un employé de chemin de fer inexact sont des dangers publics. En cherchant à nous en préserver, la loi civile, comme la loi morale, montre tout le prix qui s'attache à la vie humaine.

APRÈS LE MEURTRE.

MACBETH. — « Il m'a semblé entendre une voix crier : « Ne dors plus ! Macbeth a tué le sommeil ! » le sommeil innocent, le sommeil qui démêle l'écheveau embrouillé des soucis, le sommeil, mort de la vie de chaque jour, bain du labeur douloureux, baume des âmes blessées, second service de la grande nature, aliment suprême du banquet de la vie !

LADY MACBETH. — Que voulez-vous dire ?

MACBETH. — Et cette voix criait toujours par toute la maison : Ne dors plus ! Glamis a tué le sommeil, Macbeth ne dormira plus.

De quel côté frappe-t-on ? Dans quel état suis-je donc que le moindre bruit m'épouvante ? Regardant ses mains : Quelles sont ces mains-là ? Ah ! elles m'arrachent les yeux ! Tout l'Océan du grand Neptune suffira-t-il à laver le sang de ma main ? Non, c'est plutôt ma main qui donnerait sa pourpre aux vagues innombrables.

SHAKESPEARE.

Traduction de François-Victor Hugo.

XV

Respect de la dignité humaine dans tous les hommes. Esclavage, servage. Différentes façons d'empiéter sur la liberté d'autrui.

Si l'on vous donnait, mes enfants, une tâche à remplir, en vous rendant responsables de son accomplissement, vous trouveriez fort mauvais d'être privées des moyens d'y travailler, et vous auriez raison. La vie qui vous attend est une suite de tâches à remplir; pour qu'elles le soient bien, diverses conditions sont nécessaires : la plus indispensable est la liberté.

Ce mot de liberté est pris dans plus d'un sens ; nous nous occuperons aujourd'hui de la liberté d'aller, de venir, d'agir, de rester inactif, selon des motifs qu'on est seul à choisir. Que la volonté d'autrui se substitue à la vôtre pour empêcher son action, la forcer d'agir contrairement à votre propre sentiment, vous n'êtes plus responsables d'actes que vous n'avez pas voulus ; vous n'agissez plus comme des êtres humains ; mais, mises en mouvement, ou arrêtées par une impulsion étrangère, vous produirez certains effets bons ou mauvais, sans qu'il y ait de votre part mérite ou démérite.

Quand on songe que telle a été pendant bien longtemps la condition de millions de nos semblables, on ne saurait nier les progrès accomplis par l'humanité dans son long voyage à travers les siècles.

Vous avez entendu parler des sociétés antiques, de leur éclat, des chefs-d'œuvre qu'elles ont laissés dans les arts, les lettres, la philosophie. Aucune époque n'a produit de plus grands hommes ; leurs noms sont synonymes de gloire et de génie. Mais ces brillantes sociétés étaient fondées sur l'esclavage. L'homme y servait de bétail à l'homme ; c'est le labeur écrasant des uns qui procurait les doux loisirs des autres. Chaque guerre fournissait un nouveau contingent d'esclaves dans les prisonniers qui s'y faisaient. Encore a-t-on fait remarquer que l'esclavage a été un adoucissement à la cruauté des mœurs primitives ; c'est le massacre qui tout d'abord attendait les prisonniers. Mais était-ce bien une grâce que de leur laisser cette vie de souffrances, d'humiliations, sans dignité, où de toutes les facultés humaines ne devait plus guère subsister que celle de souffrir !

Avec le temps l'esclavage s'adoucit ; on eut soin des esclaves, comme nous avons soin de nos troupeaux, de nos meubles. Au moyen âge le servage remplaça l'esclavage : ce ne fut guère qu'un changement de nom. Les serfs n'étaient pas beaucoup plus libres que les esclaves ; du moins avaient-ils le droit de rester toujours là où ils étaient nés, sans que personne pût les séparer violemment de leur famille, de la terre natale. Mais le maître décidait de tous les actes importants de leur vie ; le fruit de leur travail lui appartenait en grande partie.

L'histoire nous apprend comment les serfs se sont affranchis peu à peu, avec quelle peine, quelle énergie, quel cœur. D'autres pays ont eu la honte du servage bien plus longtemps que la France. La Russie n'a proclamé l'affranchissement des serfs qu'en 1860.

Vous aurez de la peine à croire qu'il s'est trouvé longtemps, non seulement des personnes, mais des peuples pour soutenir que l'esclavage a du bon, — du bon pour eux, s'entend. Quand leurs intérêts sont en jeu, les hommes trouvent malheureusement des raisons pour soutenir l'injustice, — ou bien ils se passent de raisons.

Un grand nombre des états agricoles de l'Amérique devaient leur prospérité au travail des esclaves nègres. Eux seuls, disait-on, sont propres à cultiver le sucre, le tabac, le coton, et s'ils étaient libres, ils ne fourniraient pas le travail nécessaire. Les noirs sont d'une race inférieure faite pour servir les blancs, et d'ailleurs, comme on l'a dit en riant, « ils sont si laids et ils ont le nez si écrasé qu'il est presque impossible de les plaindre ». Singulière façon, n'est-ce pas, de prouver sa supériorité que de l'employer à opprimer et à maltraiter les faibles. Ce ne serait donc plus la justice, mais la force qui régnerait parmi les hommes.

Il n'est pas prouvé, d'ailleurs, que les nègres soient d'une race inférieure, ni qu'il y ait des races inférieures; il y a des degrés différents de civilisation; les plus avancés parmi nous ont le devoir de travailler à l'avancement des autres, non de profiter de leur faiblesse physique ou intellectuelle pour les traiter en bêtes de somme.

Notre pays, toujours le premier, quand il s'agit de générosité, a proclamé l'abolition de l'esclavage en 1848. Mais il n'y a pas encore trente ans que des peuples chrétiens en Amérique ne rougissaient pas de compter leurs richesses par têtes d'hommes. C'est d'un cœur de femme qu'est parti le cri de pitié qui amena la fin de cette iniquité séculaire. Mme Beecher Stowe, dans *la Case de l'oncle Tom*, a fait un tableau si vivant, si saisissant des horreurs de l'esclavage que tous les cœurs honnêtes en ont été révoltés. Ce livre a été pour beaucoup dans les événements qui ont amené la fin de l'esclavage, en Amérique : encore une victoire de la pitié, inspiratrice de tant de grandes choses.

L'esclavage n'a pas disparu de toute la terre; il sévit cruellement dans certaines parties de l'Afrique. Souhaitons que les efforts tentés depuis quelques années surtout pour le combattre, finissent par aboutir. La France y a pris une grande part. Un prêtre français[1] s'est fait le promoteur d'une véritable croisade contre le trafic des esclaves. Les nations civilisées d'Europe, en s'avançant dans l'intérieur de l'Afrique, chasseront devant elles, il faut l'espérer, ce fléau comme tant d'autres.

Chez nous, il n'est à craindre ni esclavage, ni servage. Le premier mot de notre devise nationale : Liberté, n'est pas un vain mot ; nous sommes libres ; personne n'a le droit de substituer sa volonté à la nôtre et pourtant, prenez-y garde : il y a plus d'une façon d'attenter à la liberté d'autrui.

Nous avons tous besoin les uns des autres ; nul ne peut se passer de ses semblables. Le chef d'une maison de commerce, le directeur d'une usine, la maîtresse d'un atelier, ont besoin du travail de leurs employés et ouvriers, comme ceux-ci ont besoin du salaire de ce travail ; que les uns ou les autres profitent des circonstances pour obtenir plus ou donner moins qu'ils ne doivent, ils auront pesé sur la liberté d'autrui, cherché à la supprimer, violé la justice.

Si des ouvriers dans un moment de presse demandaient des augmentations de salaire incompatibles avec la bonne marche de la maison, ils attenteraient à la liberté des patrons, comme feraient ceux-ci en proposant des réductions en morte saison. Les uns et les autres peuvent refuser, sans doute ; mais ce refus leur ferait grand tort : placer quelqu'un dans l'alternative d'une concession forcée ou d'un grand dommage personnel, c'est violer la liberté !

C'est encore la violer que d'exercer une action injuste en dehors des questions de travail sur la vie privée de

[1] Le cardinal Lavigerie.

ceux qui peuvent dépendre de vous. Les courtisans d'autrefois étaient, a-t-on dit, dévots ou athées, comme il plaisait au maître, lequel accordait ou refusait sa faveur selon qu'on se conformait ou non à sa façon de penser, de sentir, de prier. Il n'y a plus de rois chez nous ; y aurait-il encore des courtisans, c'est-à-dire des personnes faisant bon marché de bien des choses pour sauvegarder leurs intérêts ?

Si cette race n'a pas disparu, si d'autre part la défense de certains intérêts est légitime, même obligatoire, il faut condamner ceux qui, usant des avantages d'une situation influente, imposent leurs idées, leurs vues, leurs croyances, à des hommes d'idées et de croyances différentes. Le chef d'une grande industrie exigeant de ses ouvriers des opinions politiques ou religieuses conformes aux siennes, si une telle exigence était encore possible, violenterait leur conscience et la liberté.

Quel serait le résultat d'une conduite aussi injuste ? le mal de tous les côtés. La conscience ne se laisse pas forcer ; les croyances ne s'imposent pas. Pour garder le gagne-pain on paraîtra quelquefois accepter ce que l'on réprouve ; un père de famille voudra avant tout pourvoir aux besoins des siens, et feindra de croire ce qu'il ne croit pas. Ce mensonge, cette lâcheté retomberont en grande partie sur celui qui en a été l'occasion ; c'est lui qui aura dégradé les âmes, les aura familiarisées avec l'hypocrisie.

L'oppression des âmes et des consciences est donc doublement odieuse, en ce qu'elle diminue à la fois celui qui la commet et celui qui en souffre : elle se produit chaque fois qu'une personne profite de circonstances favorables pour obtenir d'une autre des avantages qu'elle n'obtiendrait pas, si toutes deux se trouvaient sur un pied d'égalité.

LA LIBERTÉ

PREMIÈRE CONDITION DE LA VIE DES PEUPLES.

Les deux peuples anciens dont la littérature et l'histoire composent encore aujourd'hui notre principale fortune intellectuelle, n'ont dû leur étonnante supériorité qu'à la jouissance d'une patrie libre. Mais l'esclavage existait chez eux, et par conséquent les droits et les motifs d'émulation qui doivent être le patrimoine commun des hommes, étaient le partage exclusif d'un petit nombre de citoyens. Les nations grecque et romaine ont disparu du monde à cause de ce qu'il y avait de barbare, c'est-à-dire d'injuste dans leurs institutions. Les vastes contrées de l'Asie se sont perdues dans le despotisme, et depuis nombre de siècles ce qu'il y reste de civilisation est stationnaire. L'ordre social qui admet tous nos semblables à l'égalité devant la loi, comme devant Dieu, est aussi bien d'accord avec la religion chrétienne qu'avec la véritable liberté : l'une et l'autre, dans des sphères différentes, doivent suivre les mêmes principes.

Mme DE STAEL.

(*Considérations sur la Revolution française*

XVI

RESPECT DE L'HONNEUR. L'ESTIME, L'HONNEUR. DE LA CALOMNIE, DE LA MÉDISANCE. DANGER DE RÉPÉTER LES MÉCHANTS PROPOS.

Mes enfants, quand après de courageux efforts, vous avez réussi à bien faire, quelle est la récompense qui vous touche le plus? Interrogez-vous; vous reconnaîtrez que le succès vous est doux surtout par l'approbation, l'estime, la considération qu'il vous apporte; vous souffririez de penser que l'on n'a pas bonne opinion de vous. Plus tard, quelle que soit votre place dans la vie, ce sentiment se fortifiera encore; vous reconnaîtrez que l'estime des autres est un des biens les plus précieux pour tous; le plus modeste des travailleurs en a besoin; le souverain d'un état ne s'en peut passer. Et cette estime, nous la voulons générale; qu'un seul nous la refuse, nous voici tourmentés. « Nous ne saurions, a dit Pascal, vivre dans le mépris d'une âme. »

Dans sa tragédie d'*Esther*, Racine nous montre Aman, le plus grand de l'empire perse après le roi, tout troublé de ce qu'un seul homme, qu'il appelle un vil esclave, le regarde avec dédain :

En vain de la faveur du plus grand des monarques
Tout révère à genoux les glorieuses marques;
Lorsque d'un saint respect, tous les Persans touchés
N'osent lever leurs fronts à la terre attachés,
Lui, fièrement assis et la tête immobile,
Traite tous ces honneurs d'impiété servile,
Présente à mes regards un front séditieux
Et ne daignerait pas au moins baisser les yeux.
. . . .
Son visage odieux m'afflige et me poursuit;
Et mon esprit troublé le voit encore la nuit.

Le mépris tranquille et silencieux du proscrit suffit à bouleverser l'âme du grand seigneur. Combien davantage la mésestime justifiée, la honte rendent la vie impossible! La crainte du déshonneur est une cause fréquente de l'acte de folie qui s'appelle le suicide; la honte méritée est le plus grand des maux, le seul qu'on ne puisse consoler, qui ne se puisse réparer : la pauvreté, la maladie, toutes les souffrances sont préférables à cette angoisse poignante de n'oser pas rencontrer le regard des honnêtes gens parce qu'on a perdu le respect de soi-même. Rien ne coûte pour le conserver, car rien ne compense sa perte ; la crainte de la souillure est la première sauvegarde de l'âme, la plus puissante peut être. Elle a inspiré les plus durs, les plus héroïques sacrifices. C'est elle qui commande les luttes vaillantes contre soi même, le renoncement douloureux aux plus chers désirs, et qui, aux révoltes du cœur lui-même, répond par la bouche du vieux Corneille : [1]

Faites votre devoir, et laissez faire aux dieux !

Ce n'est pas seulement le besoin de l'estime publique, c'est celui de notre propre estime qui constitue ce noble sentiment de l'honneur. Il nous retient dans le bien, nous fait éviter le mal comme un abaissement, une dégradation, même si nos actes restent secrets ; il nous ferait rougir, il nous donnerait horreur même d'une pensée basse ou mauvaise ; il nous fortifie dans la résolution honnête, si pénible qu'elle puisse être d'ailleurs :

.... Ce qui fait durer l'exil
Mieux que l'eau, le roc ou le sable,
C'est un obstacle infranchissable
Qui n'a pas l'épaisseur d'un fil.
C'est l'honneur ; aucun stratagème,
Nul âpre effort n'en est vainqueur,
Car tout ce qu'il oppose au cœur,
Il le puise dans le cœur même.

SULLY PRUDHOMME [1].

Si l'honneur est en soi-même le plus précieux des biens, s'il n'est pas de vie morale sans lui, notre vie

[1] Lemerre, éditeur.

matérielle ne saurait s'en passer davantage : Nous n'aimons point avoir affaire à qui nous n'estimons point, et l'on trouve difficilement l'emploi de ses aptitudes sans inspirer la confiance qui naît de l'estime.

Chercher à déconsidérer son prochain, à le noircir dans l'opinion d'autrui, c'est donc attaquer à la fois son repos et ses intérêts ; c'est gêner, paralyser ses efforts pour avancer dans la vie, c'est lui faire un mal parfois irréparable. Ce mal peut être si grave qu'il rentre dans la catégorie des crimes punis par la loi et que, sous le nom de diffamation, il est frappé de peines judiciaires. — Mais les torts sont plus faciles à faire qu'à réparer ; les jugements ne détruisent pas toujours l'effet des calomnies. Le calomniateur n'agit pas à ciel ouvert ; il est donc difficile de découvrir l'origine d'allégations perfides qui tuent une réputation ; leur fausseté fût-elle prouvée, elle ne l'est pas pour tout le monde. Comme le dit un personnage d'une comédie célèbre : « La calomnie !... j'ai vu les plus honnêtes gens près d'en être accablés. Croyez qu'il n'y a pas de plate méchanceté, pas de conte absurde, pas d'horreurs qu'on ne fasse accepter aux oisifs en s'y prenant bien... D'abord un bruit léger rasant le sol comme l'hirondelle avant l'orage, pianissimo, murmure et file et sème en courant le bruit empoisonné. Telle bouche le recueille et piano, piano, vous le glisse à l'oreille adroitement ; le mal est fait ; il germe, il rampe, il chemine, et rinforzando, de bouche en bouche, il va le diable ; puis tout à coup, ne sais comment, vous voyez calomnie se dresser, siffler, s'enfler, grossir à vue d'œil. Elle s'élance, étend son vol, tourbillonne, enveloppe, arrache, entraîne, éclate et tonne et devient un cri général, un crescendo public, un chorus universel de haine et de destruction. Qui diable y résisterait[1]. »

[1] Beaumarchais.

Il faut avoir l'âme bien noire pour inventer ainsi de toutes pièces de quoi perdre la bonne renommée de quelqu'un et lui faire un mal aussi atroce; le calomniateur est un malfaiteur de la pire espèce, et les malfaiteurs sont heureusement des êtres d'exception.

Ce qui est moins rare, quoique aussi pernicieux peut-être, c'est d'entendre répéter des accusations vaguement formulées, propagées sans haine, par simple besoin de parler. Que pourrait la calomnie, si elle n'était servie par la médisance? On ne réfléchit pas aux conséquences de ces tristes bavardages : on veut paraître informé ; on n'a pas grand'chose à dire pour alimenter la conversation : tant pis pour le prochain qui tombe sous les langues.

Personne n'est méchant, et que de mal on fait !

Le poète a raison, c'est sans méchanceté qu'on répète les méchants propos, si souvent tombés à la légère. Et ces propos légers, qu'il eût fallu laisser par terre, suffisent pour écraser un honnête homme. « Des bruits courent », dit-on, sur telle personne. Vérifiez-les, du moins, avant de les aider à courir. Vous verriez combien de fois les intentions, même les faits ont été dénaturés, amplifiés hors de toute mesure, comme le secret de la fable. Une seule protestation énergique aurait peut-être empêché le mal de s'étendre.

Si vous ne voulez pas grossir le nombre des bavardes malfaisantes, remarquez ceci : les médisants n'ont presque jamais été les témoins du mal que dénonce leur vertueuse indignation; ils en tiennent les détails de tels ou tels qui eux-mêmes les ont de seconde main. Comment oser devant tant d'incertitudes formuler des accusations sérieuses, si nuisibles?

Le médisant, d'ordinaire, ne prouve qu'une chose: la médiocrité de son esprit, comme la malveillance de son cœur. Ceux-là seuls nourrissent leur entretien des torts et des faiblesses d'autrui, qui n'ont rien d'autre à dire, et l'on peut juger de la portée d'esprit de quelqu'un par la place que dans sa conversation tient le prochain.

Sans attaquer la considération ou l'honneur des autres, il pourrait vous arriver de blesser cruellement par la raillerie, soit directe, soit déguisée. Faire rire aux dépens de quelqu'un est une tentation à laquelle on résisterait plus aisément si l'on se rappelait la souffrance que peut donner le sentiment d'être ridicule. Rien de plus difficile à pardonner que la moquerie. « Elle est, dit La Bruyère, le langage du mépris, et l'une des manières dont il se fait le mieux entendre ; elle attaque l'homme dans son dernier retranchement, qui est l'opinion qu'il a de lui-même ; elle veut le rendre ridicule à ses propres yeux, et ainsi elle le convainc de la plus mauvaise disposition où l'on puisse être pour lui et le rend irréconciliable. »

Il ne faudrait pas penser cependant qu'il est coupable de rire de ce qui est risible. L'ironie, le sarcasme léger, sont souvent le châtiment mérité, efficace du mal, du vice : tels abus dont le monde a souffert longtemps n'ont pas tenu devant les sifflets et la risée publique. La crainte du ridicule a été en bien des cas un puissant préservatif contre le mal.

Ce qu'on doit éviter, c'est d'infliger des souffrances qu'on craindrait tant pour soi-même, de froisser, de blesser inconsidérément, de rire parce qu'on ne comprend pas, ce qui est plus aisé que de comprendre, de justifier enfin ce mot : « La moquerie est souvent indigence d'esprit. »

XVII

RESPECT DU BIEN D'AUTRUI : DIFFÉRENTES FAÇONS DE VIOLER CETTE LOI : VOL, TROMPERIE, EMPRUNT SANS CERTITUDE DE RENDRE.

Mes enfants, on ne fait partie des honnêtes gens qu'en se conformant à toutes les lois de la justice. Parmi ces lois il en est une dont l'importance est si grande qu'on donne spécialement le nom d'honnête ou de malhonnête à ceux qui l'observent ou la violent : c'est la loi qui nous commande de respecter le bien d'autrui. Il n'est pas nécessaire d'insister avec vous sur l'horreur qui s'attache à l'idée de vol ; le voleur est le plus abject de tous les criminels ; ce sont les tribunaux qui ont à s'occuper de ce malheureux. Vous comprenez bien aussi que nous avons besoin, pour vivre, de posséder certaines choses en toute propriété, de les savoir bien à nous ; une des premières notions acquises par l'enfant, c'est celle du tien et du mien, la différence entre les objets prêtés et ceux qui lui appartiennent. Il sait que ceux-ci, il peut les donner, mais que personne n'a le droit de les prendre ; son indignation est sans bornes contre qui voudrait s'en emparer ; c'est une des formes de l'injustice qui le révoltera le plus.

Aussi n'est-ce pas contre la malhonnêteté grossière et criminelle du vol qu'on a besoin de vous prémunir. Mais on doit vous faire remarquer qu'il y a plus d'une façon de manquer à l'honnêteté et que l'on n'est honnête qu'en les évitant toutes.

L'écolière qui copie le devoir d'une compagne et le donne comme son travail personnel n'est pas honnête : elle s'est approprié la note ou la place d'une autre, elle a trompé pour obtenir le bien d'autrui. Faisons des vœux pour que son mensonge soit découvert bien vite ; s'il réussissait, elle serait tentée de le répéter, et une fois engagée dans ce chemin dangereux, où s'arrêterait-elle ? Se faire passer pour ce qu'on sait ne pas être, se faire donner ainsi ce qui appartient aux autres, n'est-ce pas le leur voler ? Qu'on agisse ainsi par ruse ou par violence, le mal est pareil.

L'honnêteté n'est vraie que lorsque la délicatesse la complète. S'abstenir de prendre ce qui est aux autres ne suffit pas ; il faut respecter jusqu'au scrupule le bien d'autrui. Emprunter à la légère, user de ce qui ne vous appartient pas, sans plus de gêne que de votre propre bien, est une habitude fâcheuse, contraire à la délicatesse ; elle peut devenir dangereuse ; que, dans la vie, on emprunte de l'argent, comme il arrive à certaines personnes, sans l'absolue certitude de rendre, on manque à l'honnêteté. Sans doute on compte bien s'acquitter, on en a la ferme espérance, mais l'espérance comportant toujours un degré de doute, ne suffit pas. Se servir du bien d'autrui pour ajouter à la facilité de sa vie et s'en remettre aux hasards de l'avenir pour payer ses dettes est une conduite avilissante que rien n'excuse.

Il est un moyen de n'arriver jamais à pareille extrémité : c'est de régler ses dépenses, je dirais volontiers ses besoins, sur ses ressources. Vous verrez plus tard, mes enfants, que les besoins réels ne sont pas les plus difficiles à satisfaire. Avec du travail et de l'ordre, les plus pauvres pourvoient aux nécessités de l'existence. Le désarroi commence avec les faux besoins, les besoins de la vanité. Si, possédant de quoi être nourries, logées, vêtues, convenablement mais simplement, vous demandez plus, il faudra recourir à l'emprunt, ou, ce qui revient au même, remettre à plus tard le paiement de vos achats. Vous commettrez dans les deux cas une imprudence coupable; « plus tard » n'est pas à nous ; nous ne sommes sûrs que du présent. Ces dépenses, que vous avez faites sans vous soucier de leur règlement, elles retomberont sur quelqu'un. Une ou plusieurs personnes ont toujours à souffrir du gaspillage insensé de ceux qui ne veulent ni compter, ni prévoir. Où sera la justice?

D'autres, comme la cigale, ont chanté tout l'été. Je ne vous conseillerai certes pas de leur faire la réponse de la fourmi. Elle est haïssable, cette noire et sèche ménagère, qui, bien close chez elle, laisse grelotter les pauvres à sa porte et se moque d'eux par dessus le marché. Mais si elle était capable d'un peu de charité, si elle donnait un morceau de pain, une petite place au foyer, on comprendrait sa mauvaise humeur contre la cigale. Voilà une jeune personne qui ne veut que s'amuser, prendre du bon temps et qui compte pour vivre sur le travail d'autrui. Or, chacun a besoin du fruit de son travail pour soi, pour les siens, pour ceux que l'âge et les infirmités rendent pauvres sans qu'il y ait de leur faute. Ceux qui, pouvant gagner leur vie, préfèrent la devoir à la bonté des autres, sont méprisables et malhonnêtes ; ils n'ont aucun souci de leur propre dignité, ils prennent injustement ce qui ne leur appartient pas, souvent la part des vrais malheureux.

Aussi la prévoyance, qui conduit à l'épargne, est-elle la sauvegarde de la dignité, de l'honneur. Puisqu'aujourd'hui est à nous, faisons de notre mieux pour parer aux éventualités de demain. Vous aurez un jour à établir votre budget, c'est-à-dire à calculer vos dépenses d'après vos recettes ; laissez une place petite ou grande pour les économies. Ne vous resterait-il que quelques sous par jour, toutes vos dépenses réglées, vous seriez riches, la richesse n'étant que la proportion entre les besoins et les moyens de les satisfaire. L'épargne, d'ailleurs, grossit toute seule ; et ces sous, mis en réserve, c'est l'indépendance quelquefois, c'est la liberté d'esprit pendant les maladies qui interrompent le travail, c'est la possibilité de rendre service ; ils vous dispenseront de demander des services aux autres, ce qui est pénible toujours, dangereux quelquefois.

Ne pas emprunter, payer exactement en temps voulu, ce que vous devez, ce sont les deux côtés d'une même obligation. L'inexactitude dans le paiement des salaires a souvent des conséquences fâcheuses. On expose ceux qu'on lèse ainsi à de sérieux embarras et à pis encore. Tel n'osera pas, plutôt par fausse honte que par délicatesse, réclamer son dû, mais osera emprunter en attendant le paiement et avec l'habitude de l'emprunt perdra quelque chose de sa dignité.

Le respect du bien d'autrui doit être absolu ; il ne souffre aucune exception : que la propriété soit collective ou individuelle, elle doit nous être sacrée. — On voit plus d'une personne pourtant qui rougirait à l'idée d'une atteinte, si minime qu'elle soit, portée au bien d'autrui et qui ne se fait pas scrupule de frauder une compagnie de chemin de fer en montant dans un wagon de première classe avec un billet de seconde ; bien plus, des personnes se croyant honnêtes dissimulent à la douane ou à l'octroi des objets soumis aux droits d'entrée. Le mal est dans la tromperie, non dans le plus ou moins grand nombre de personnes lésées.

Un grand nombre de propriétés collectives appartiennent à l'État. Celles-ci, qui forment le patrimoine commun de tous les citoyens, devraient être sous la sauvegarde du public. Détériorer les arbres, les bancs des promenades publiques, c'est nuire à tout le monde. Ne trouveriez-vous pas vraiment criminels ceux qui s'attaqueraient aux arbres de nos belles forêts, ou qui dégraderaient les ornements publics, ces statues, ces groupes artistiques, qui font la beauté, le charme de nos villes, et qui entretiennent parmi nous l'idée de l'art et du beau ?

Tout objet fabriqué, œuvre d'artiste ou d'artisan, représente du travail, de l'effort, de la peine ; sa destruction est un mal que nous avons tous intérêt à éviter. Quand on trouve vos classes tachées d'encre, vos pupitres creusés et grattés, on aurait mauvaise opinion de vous, mes enfants, si l'on ne faisait la part de l'étourderie de votre âge. Mais votre excuse diminue tous les jours et cesse du jour où vous avez appris que l'honnêteté qui se borne à avoir les mains nettes du bien d'autrui est fort incomplète. Vous ne vous contenterez pas de l'exacte et sèche probité ; vous voudrez arriver à la délicatesse qui en est la fleur, et les légitimes intérêts des autres vous paraîtront dignes de respect.

MOYEN D'AVOIR TOUJOURS DE L'ARGENT DANS SA POCHE.

En ce temps, où chacun se plaint que l'argent est rare, c'est une bonne action que d'enseigner à ceux qui sont sans argent la manière de garnir leurs poches. Je leur ferai connaître le vrai secret d'attraper de l'argent, la façon de remplir les bourses vides, et de les garder toujours pleines. Deux simples règles bien observées feront toute l'affaire.

La première : Que l'honnêteté et le travail soient toujours tes compagnons.

La seconde : Dépense un sou de moins que ton bénéfice net.

Alors ta poche si plate commencera à enfler et ne criera plus jamais qu'elle a le ventre vide. Les créanciers ne t'insulteront plus, le besoin ne se fera plus sentir, la faim ne te mordra plus, la nudité ne te gèlera plus. Le monde entier sera plus brillant, le plaisir jaillira dans tous les coins de ton cœur. Suis donc cet avis et sois heureux.

La paresse rend tout difficile, mais le travail rend tout aisé. A quoi bon souhaiter et attendre des jours meilleurs? Travail n'a que faire de souhaits Qui a un métier a une terre; qui a un talent a une fonction qui donne honneur et profit. Bien des gens voudraient vivre sans travail et sur leur esprit seulement. Mais faute de capital, ils font banqueroute, tandis que le travail donne bien-être, abondance et considération.

FRANKLIN.

XVIII

DES ENGAGEMENTS, DES CONTRATS. RESPECT DE LA PAROLE DONNÉE. LE MENSONGE; SES NOMBREUSES FORMES.

Tant vaut l'homme, tant vaut sa parole : voilà, mes enfants, un proverbe à méditer. La mesure de l'estime est celle de la confiance en la promesse, en la parole donnée, et eussiez-vous d'autre part cent belles qualités, on ne vous comptera que si l'on peut compter sur ce que vous dites. Comment en serait-il autrement, et que peuvent être nos rapports avec ceux dont la sincérité nous est suspecte? Avec eux, aucune sincérité, rien de certain, de sérieux. La vérité seule donne vie à toute chose ; rien ne vaut sans elle, et l'on comprend qu'un des plus nobles penseurs de notre temps ait demandé que pour tout éloge on gravât sur sa tombe ces mots : il aima la vérité.

Qu'est-ce qu'être vrai ? Ce n'est pas seulement se garder de dire ce que l'on sait être faux. C'est donner sur soi-même, sur toutes choses des impressions et des idées que l'on croit exactes, conformes à la vérité ; c'est porter dans ses actes, dans ses paroles cette sincérité qui rend toutes choses aisées en évitant l'embarras, la gêne en toute circonstance. Il ne suffit pas, pour être vrai, de fuir le mensonge grossier qui altère, dénature les faits en vue d'un avantage personnel ; cette sorte de mensonge suppose tant de bassesse et de lâcheté, il éloigne si entièrement la bienveillance la plus résolue, il isole à tel point le misérable qui y tombe, que son nom suffit pour en garantir un enfant honnête.

Haïssable en lui-même, le mensonge est odieux encore parce qu'il suppose toujours d'autres vices. Qui fait son devoir n'a rien à dissimuler, ni à fausser. Le paresseux, le négligent, le malveillant peuvent recourir au mensonge pour éviter la punition, la réprimande qu'un enfant loyal et courageux ne cherchera nullement à éviter, si elles sont méritées; ou bien, le petit malheureux voudra obtenir des éloges, sans se donner la peine de les mériter. Un mensonge en appelle d'autres pour soutenir le premier ; l'habitude se prend, et quand arrive le jour inévitable où le vice porte ses fruits naturels, la honte, le délaissement, il est bien tard pour réparer le mal, en eût-on le désir ; rien de plus difficile à regagner que l'estime perdue, et sans l'estime, vous le savez, la vie est impossible.

Il y a des degrés dans la bassesse : certains mensonges

sont plus méprisables que d'autres : ce sont ceux qu'on peut appeler indirects. Supposons qu'il se soit produit un acte de courage, de dévouement ou de charité dont l'auteur soit resté inconnu. Un menteur veut profiter de cette circonstance pour se faire attribuer du mérite. Il se gardera bien de dire : « c'est moi qui ai fait ce que vous admirez. » Mais il aura des demi-mots, des sourires, des airs de ne pas vouloir avouer tout en laissant deviner ; surtout il ne démentira pas simplement et sincèrement ce qu'il est parvenu à faire supposer.

Si la vérité se découvre, il risque peu, n'ayant rien affirmé ; sinon, il a des chances de faire illusion. Ne trouvez-vous pas que mentir ainsi, c'est mentir plusieurs fois ? Un mensonge direct, un franc mensonge, si ces deux mots pouvaient aller ensemble, expose son auteur à une contradiction ouverte, à un flagrant délit ; un mensonge en action, hypocritement insinué a plus de chances de réussir pendant un temps et ses effets sont plus dangereux ; c'est la perfidie du noir Tartuffe qui, déguisé en homme de bien, se glisse dans une famille d'honnêtes gens et l'amène près de la ruine.

L'horreur qu'inspire un tel caractère doit mettre en garde et faire éviter ce qui, même de bien loin, lui ressemble. Toute altération de la vérité est une déchéance morale ; chercher à paraître ce qu'on n'est pas, tromper sur sa position, sur son mérite, est également dangereux, et je comprends bien cette jeune fille d'une comédie moderne, trouvant mauvais de voir les siens vouloir faire dans le monde plus grande figure qu'il ne convient à leur fortune et disant :

..... Je pousse l'horreur de la supercherie,
Vois-tu, jusqu'à blâmer ce bonnet d'avoir l'air,
Tout en ne coûtant rien, de te coûter très cher [1] !

[1] Émile Augier, *La Jeunesse.*

Nous vivons de vérité et notre repos n'existerait plus si nous ne pouvions compter sur la parole les uns des autres. Cette parole, une fois donnée, devrait suffire ; entre honnêtes gens, on ne devrait avoir besoin ni d'engagements écrits, ni de serments. « L'honnête homme, dit La Bruyère, ne jure pas ; son caractère jure pour lui. » La loi réclame pourtant quelquefois le serment en justice. Le témoin appelé à déposer dans un procès jure de dire la vérité, rien que la vérité, toute la vérité ; il est parjure s'il viole cette solennelle promesse. La loi garantit aussi l'exécution des contrats ou engagements écrits, pour sauvegarder les droits de chacun en cas de circonstances imprévues, disparition, mort, accidents quelconques.

Le mensonge consistant à tromper en vue d'un avantage personnel, on ne saurait appeler de ce nom flétrissant les paroles consolantes adressées par le médecin à un malade à qui il veut laisser l'espérance sans laquelle nous ne pouvons vivre. Soutenir l'énergie de son malade est une partie de ce que l'on appelle le devoir professionnel du médecin ; il y aurait cruauté de sa part à y manquer ; il se trouve placé entre deux devoirs dont l'un est plus important par ses conséquences que l'autre, puisqu'il s'agit de sauver une vie humaine : c'est donc à ce dernier qu'il doit obéir.

Dans un de ses ouvrages, Victor Hugo nous montre une religieuse, la sœur Simplice, célèbre par son amour de la vérité et dont la parole vaut un serment. Des circonstances l'amènent à cacher un innocent à tort poursuivi par la justice. On lui demande si elle sait où est cet homme ; par deux fois elle répond non ; elle l'a sauvé, mais c'est le plus grand sacrifice que son cœur pur ait fait jamais à la charité ; ici le mensonge disparait dans l'héroïsme.

Méritons qu'on dise de nous ce qu'un grand écrivain

du XVIIe siècle disait de l'amie qu'il estimait par dessus tout : elle est vraie. Soyez vraies ; mais s'il est indispensable de toujours penser ce que vous dites, il ne l'est nullement de toujours dire tout ce que vous pensez. A quoi bon déclarer, comme le veut le Misanthrope,

> à la vieille Émilie,
> Qu'il sied mal à son âge de faire la jolie.

Ne confondez pas la franchise avec la brutalité, ne ressemblez pas à ces gens pour qui « parler et offenser sont précisément la même chose », ne donnez votre avis que s'il est demandé. Vous avez comme tout le monde rencontré des personnes qui commencent volontiers leur discours par « je vais être franc », et qui le sont jusqu'à se montrer fort désagréables. Il y a dans cette sorte de franchise bien autre chose que l'amour de la vérité, comme le montre spirituellement un romancier anglais dans le passage suivant :

A Middlemarch (petite ville de province) une femme n'ignorait pas longtemps la mauvaise opinion qu'avait la ville de son mari. Ses amies intimes pouvaient bien ne pas porter l'amitié assez loin pour raconter à la femme les faits déplaisants attribués au mari; mais lorsque l'une d'elles, dont l'imagination était sans aliments, trouvait tout à coup à l'occuper de sujets vraiment compromettants pour ses voisins, diverses impulsions morales se mettaient en jeu pour l'obliger à parler. Et d'abord, la franchise. Etre franc, en phraséologie de Middlemarch, signifiait saisir la première occasion de faire savoir à vos amis que votre opinion sur leur capacité, leur conduite ou leur position, n'était pas des plus encourageantes, et une franchise énergique n'attendait jamais qu'on lui demandât son avis. Puis venait l'amour de la vérité, phrase à large sens, mais signifiant dans le cas présent le vif regret de voir une femme avoir l'air plus heureux que ne le permettait la réputation de son mari et manifester trop de satisfaction de son lot; il fallait laisser entendre à la pauvre âme que si elle savait la vérité, elle s'occuperait moins de ses chapeaux ou de ses petits plats du souper. Par dessus tout venait le souci du perfectionnement moral de l'amie, de ce qu'on appelait quelquefois son âme, qui ne pouvait que gagner à entendre des observations tendant à attrister, faites en regardant fixement les murs et de façon à bien indiquer qu'on ne disait pas tout ce qu'on avait sur le cœur, par égard pour les sentiments de l'auditrice. On peut dire en somme qu'une charité ardente agissait sur les âmes vertueuses et les excitait à rendre leurs voisins misérables pour leur bien.

George Eliot.

XIX

Devoirs de charité. Formes variées de la bienfaisance. Nécessité de rendre la sympathie et la pitié actives.

Triste vie, mes enfants, serait celle d'une personne qui se bornerait à ne pas nuire aux autres. Ne jamais faire de mal, c'est quelque chose sans doute ; ce n'est pas tout le devoir ; la plus grande partie, la plus difficile reste à faire. Vous savez que ce n'est pas la conscience seule qui nous empêche de faire tort à autrui ; notre propre intérêt, les lois de notre pays sont, à défaut de bienveillance, des raisons suffisantes pour nous maintenir dans les voies honnêtes. On ne mérite pas le nom de juste en s'abstenant du mal ; pour y avoir droit, il faut faire le bien.

Et comment pourrait-on poursuivre son chemin, tranquille, satisfait de soi-même, à la vue, à la pensée de toutes les souffrances qui ravagent notre monde, sans chercher à les soulager de tout son cœur, de toutes ses forces? La maladie, la pauvreté, l'ignorance, malheureusement aussi les vices, la faiblesse d'esprit, de caractère, amènent parmi nous des maux incalculables, si nombreux, si variés, qu'il semble parfois impossible de les guérir.

Toutes ces douleurs forment le domaine de la charité; c'est elle qui s'est donné la tâche de diminuer la somme du mal en ce monde, de combattre la souffrance, de donner de la force au faible et d'établir plus de justice dans les rapports des hommes entre eux.

La sympathie qui nous émeut quand nous voyons souffrir est la première impulsion vers l'action charitable. En l'accomplissant, nous agissons pour notre soulagement personnel ; qui, pouvant soulager, laisserait souffrir d'un cœur léger et détournerait son chemin de celui des malheureux? Et pourtant que de maux existent encore sans soulagement ; on est ému, mais on exprime son émotion par des mots ; on plaint la souffrance, mais c'est de la pitié perdue, puisqu'elle n'agit pas ; peu de chose suffirait pour la mettre en mouvement, la tirer des profondeurs où elle est engourdie, la rendre vivante, efficace.

Un Anglais raconte, à ce sujet, l'anecdote suivante : Un pauvre homme était tombé dans la rue et s'était blessé ; une grande foule se rassemble autour de lui ; chacun exprimait sa compassion sans d'ailleurs faire davantage quand un ouvrier s'avança et dit : « Eh bien, moi je plains cet homme « pour un demi-écu ». Pour combien le plaignez-vous ? » La collecte faite sur-le-champ fut, paraît-il, très productive. L'exemple et les paroles de l'ouvrier avaient montré que l'émotion ne devait servir qu'à rappeler le devoir.

Mais si, pour faire le bien, il était indispensable de donner de l'argent, ceux qui n'ont que le nécessaire ne pourraient donc être gens de bien? Il n'en est rien. La souffrance humaine a tant de formes que chacun peut y trouver de quoi remplir son devoir, satisfaire à ses besoins de bienveillance. Il est naturel, légitime, et même utile de choisir parmi les formes du bien à faire celle qui nous convient le mieux. La tâche est infinie, nul n'y suffirait. Demandez-vous donc quelle catégorie de malheureux vous intéressent le plus; sentant plus vivement ce qui leur manque, vous réussirez mieux à le leur donner. C'est ainsi que les uns préfèrent s'occuper des enfants, les autres des vieillards ou, en particulier, de certaines professions. D'autres s'attaquent volontiers au mal moral, cherchent à agir sur les âmes perverties, vont dans les prisons tenter de ramener au bien des coupables; d'autres luttent contre l'ignorance, veulent répandre la lumière, augmenter les jouissances de tous en leur faisant comprendre un sens plus élevé de la vie, ils font la chasse aux idées fausses, aux superstitions haineuses, aux préjugés qui séparent, qui isolent, à tout ce qui grouille dans les ténèbres. Mais, en somme, tous ces soldats de la grande armée du bien combattent le même ennemi : le mal, la souffrance.

Et vous, mes enfants, toutes jeunes encore, ne disposant de rien que de votre bonne volonté, que pouvez-vous faire? Plus de bien quelquefois qu'en distribuant de fortes sommes.

Imaginons, si vous voulez, une jeune fille pauvre, vivant dans un milieu pauvre. Elle a vu la misère de près, elle en a souffert déjà, et, par cela même, elle ne peut voir sans chagrin les autres en souffrir, ni sans besoin de soulager. Une voisine, chargée de famille, tombe malade. Dût la jeune fille prendre un peu sur son sommeil pour ne pas nuire à sa tâche quotidienne, elle peut aller, soir et matin, soigner le petit ménage, dont l'abandon ajoute pour la malade à la cruauté du mal; elle s'occupera des enfants; à cause d'elle, ils souffriront moins de la maladie de leur mère, de son absence, si elle a dû être transportée à l'hôpital. Elle peut aller l'y visiter un jour de congé, lui porter des nouvelles des siens, la rassurer sur la bonne marche du ménage. Quelle joie, au retour de la malade, de lui montrer son petit logement en bon état, avec un air de fête et de bienvenue qui causera plus de plaisir et fera plus de bien qu'il n'a donné de peine à procurer.

Les maladies ne sont pas les seules occasions de se rendre utile, de répandre le bien autour de soi. La vie de chaque jour abonde en circonstances où un peu d'aide gracieusement offerte est de l'effet le plus bienfaisant.

De petits services, quelques attentions aimables en vers ceux dont la vie est difficile sont comme des fleurs jetées sur leur peine. Une jeune fille un peu avancée dans ses études peut aider une enfant plus jeune à mieux réussir dans les siennes. Si dans son voisinage se trouve quelque infirme confinée à la maison, une heure passée auprès d'elle, une lecture amusante faite de temps à autre apportera bien-être et soulagement. Dans les petits ménages pauvres, où chacun est appelé au dehors tous les jours, pour la tâche quotidienne, l'entretien de la maison est parfois négligé; une jeune fille peut aider de plus pauvres qu'elle dans des travaux de couture, de raccommodage, comme cette enfant qui se glissait le jeudi matin dans la chambre d'une voisine, enlevait prestement tous les bas déchirés dans le panier au raccommodage, les rapportait le soir bien réparés et prétendait qu'il existe encore de bonnes fées. « Je crois bien, disait-on en riant ; nous en connaissons une. »

« Deux liards couvriraient fort bien toutes mes terres. Mais tout le grand ciel bleu n'emplirait pas mon cœur! » dit l'enfant héroïque de la légende. — C'est avec le cœur que se font les grandes choses : pour faire du bien aux autres il faut les aimer. De grandes afflictions attendent chacun de nous ; des êtres aimés nous quittent ; la mort nous les prend ; d'autres ne répondent pas à ce que nous en attendons, nous méconnaissent, nous oublient ; nous échouons dans des entreprises qui nous semblent devoir décider de toute notre vie ; nous souffrons de mille manières : seule, la sympathie vraie nous soulage, nous console, sinon au moment même où le malheur frappe, du moins bientôt après. Ne répétez point ce qu'on dit parfois : Pour certains malheurs, il n'est point de consolation ; on consolerait plus souvent si l'on était plus vraiment ému des peines d'autrui : le cœur seul sait parler au cœur ; il n'entend aucune autre voix ; mais celle-ci lui parvient, et la souffrance est adoucie quand on la sent partagée et qu'on n'est plus seul à souffrir.

Ce qu'il y a de précieux, de profond, dans cette sympathie communicative, est mis en lumière dans un joli fabliau du moyen-âge.

LE CHEVALIER AU BARIZEL.

Il y avait un chevalier dur et cruel envers les pauvres gens. Il ne sortait de son donjon que pour leur courir sus et les mettre à mal, et ses gens faisaient comme lui. Un jour il trouva sur la route une pauvre femme à demi morte, qui venait de donner le jour à un enfant ; un peu plus loin, le mari était tué. « Monseigneur, ayez pitié de moi qui vais rendre l'âme et de ce pauvre petit; allez me chercher un peu d'eau dans ce barizel pour éteindre la soif qui me brûle. » Il la regarda avec mépris et piqua des deux sans répondre. Mais au même instant il sentit suspendu à son cou le barizel que la pauvre femme lui avait tendu, et il entendit une voix qui lui dit : « Marche, marche, tu ne t'arrêteras que quand ce barizel sera plein. » Il courut à la fontaine, mais dans le barizel l'eau fuyait à mesure qu'elle entrait. Et il commença son voyage, voyage sans trêve, et toujours sonnait sur sa poitrine le barizel vide. Oh ! chrétiens, dans sa course à travers le monde, il vit bien des misères; il rencontra bien des seigneurs qui foulaient le pauvre monde; il entendit bien des lamentations et vit couler bien des larmes; et son cœur de fer commença à mollir dans sa poitrine. Un soir où pour la centième fois peut-être il approchait de son château, où il lui était défendu d'entrer, il vit sur le bord de la route une pauvre femme étendue à demi morte, qui venait de donner le jour à un enfant un peu plus loin, le mari était tué ; « Monseigneur, ayez pitié de moi qui vais rendre l'âme et de ce pauvre petit; allez me chercher un peu d'eau dans ce barizel. » Le chevalier, remué dans son cœur, laissa tomber une larme, la première qu'il eût versée; la larme tomba dans le barizel; le barizel était plein.

XX

Tout le monde peut être bienfaisant. Donner de son bien est bon ; donner ses efforts, son travail, son cœur est encore mieux.

De tout temps les hommes ont été obligés de prélever sur ce qu'ils possèdent ou sur le fruit de leur travail la part des pauvres, des infirmes, des enfants abandonnés, des vieillards sans ressources. Dans certains pays cette part est assurée directement par une « taxe des pauvres ».

Chez nous, une partie de l'impôt est attribuée à l'Assistance publique, sorte de Ministère de la Charité. Les hôpitaux, les orphelinats, les asiles de vieillards, d'infirmes, d'aliénés relèvent de l'Assistance publique, qui est chargée en outre de distribuer des secours aux familles nécessiteuses. Cette grande organisation de la charité, un des traits les plus nobles de la civilisation moderne, semblerait devoir remédier à presque toutes les misères ; mais chacun sait combien nous sommes loin d'un résultat si heureux. Quelles que soient les ressources de l'Assistance publique, elles ne sont pas égales aux besoins de la misère publique.

En dehors de l'Assistance publique, un grand nombre de Sociétés particulières luttent aussi contre la misère ; parmi ces Sociétés, beaucoup ont une grande importance et une action bienfaisante très étendue ; toutes travaillent à diminuer le mal, qui toujours renait. La charité privée apporte à la lutte pour le bien une force considérable ; elle se réserve les infortunes les plus touchantes, celles qu'il faut découvrir, celles qui cachent leur misère comme une honte.

On cherche à saisir le mal à sa base, en travaillant pour l'avenir : tous les enfants pauvres sont instruits gratuitement ; on leur apprend des métiers, on les prépare à des professions qui leur seront un jour un gagne-pain honorable. On ôte à la mauvaise chance le plus possible de ce qu'elle a de pernicieux en préparant les hommes et les femmes de demain à une vie intelligente et dominée par la dignité, qui aime mieux tendre la main pour donner que pour recevoir.

Et rien de tout cela n'est suffisant ; et la misère revient, comme renaissaient les têtes de l'hydre fabuleuse, à mesure qu'on les coupait.

Pour en venir à bout, il faudrait que chacun, sans exception, apportât à la grande œuvre sa part de bonne volonté ; à cette condition la victoire serait moins difficile.

De grandes ressources, vous le savez, ne sont pas toujours nécessaires ; le vif désir d'être utile et qui s'ingénie à le devenir peut inspirer parfois très heureusement.

Si nous réfléchissions à tout ce qui pourrait se faire de bien, d'utile, d'heureux, avec ce qui se perd, depuis notre temps jusqu'à notre vieux linge, nous deviendrions sagement économes, c'est-à-dire que nous ferions de tout un meilleur usage.

Cette observation ressort de ce que je vais vous raconter.

Il y a quinze ans, dans une ville de province, vivait une dame qui, après de longues années heureuses, avait perdu presque en même temps son mari et ses deux fils, son orgueil et sa joie. C'était une âme vaillante ; elle sut souffrir, renoncer au bonheur qui lui était arraché, et cette vie qu'elle ne pouvait plus donner à des êtres aimés, elle résolut de la consacrer aux malheureux. Son temps était libre, mais ses ressources modestes.

Elle alla trouver toutes les dames avec qui elle était en relations d'amitié ou de simple politesse et leur dit : « Voulez-vous vous débarrasser au profit des pauvres, de tous les objets, vêtements, meubles, vaisselle, dont vous ne faites plus usage, que vous mettez au rebut ? Je prends sur mon appartement, maintenant trop grand, deux pièces qui serviront de lieu d'entrepôt, et je crois pouvoir me charger d'en tirer bon parti. »

Dans un grand nombre de maisons, surtout en province, on a la mauvaise habitude d'accumuler les vieilleries encombrantes, de les laisser moisir sans profit pour personne; la proposition de vider les vieux tiroirs, d'aérer les armoires, de gagner de la place, tout en contribuant à une bonne œuvre fut acceptée avec empressement par la plupart. Au bout de quelques mois, Mme X... eut chez elle un véritable magasin des objets les plus variés, depuis la brassière, les petits chaussons, la petite voiture du bébé, jusqu'aux chancelières plus ou moins usées pour de vieilles infirmes.

Il s'agissait de tirer parti de ces richesses qui ne coûtaient rien à personne. Elle avait enrégimenté quelques jeunes filles de familles pauvres qui venaient à tour de rôle l'aider à classer les objets, à repriser, raccommoder, remettre en bon état des vêtements qu'elle ne donnait jamais que propres et sans déchirures, — pour ces jeunes filles, il y avait un vrai plaisir à contribuer, elles aussi, à une œuvre si utile et qui ne tarda pas à s'étendre quand on eut constaté tous les services qu'elle rendait. D'autres jeunes filles, disposant de plus de temps, venaient volontiers passer chaque semaine des demi-journées à l'ouvroir; des ouvriers demandaient à réparer les vieux meubles et refusaient leur salaire, si bien que les haillons, les guenilles devinrent de plus en plus rares et que maint intérieur pauvre prit un air de confort, dans le voisinage de la femme charitable, qui mettait son intelligence et son cœur au service des pauvres.

Ils n'étaient pas seulement secourus : la charité de cette femme était un enseignement. En associant les pauvres eux-mêmes au bien qui leur était fait, en réveillant chez eux le sentiment de solidarité qui nous lie les uns aux autres, elle les relevait à leurs propres yeux. Elle leur montrait que les plus petits, les plus humbles peuvent aussi faire du bien à leurs frères; que s'ils le peuvent, ils le doivent. A s'occuper d'adoucir la peine des autres, ils oubliaient leur propre peine; ils s'accoutumaient à ne pas laisser entièrement ni les devoirs, ni les plaisirs de la charité à ceux qui possèdent.

D'ailleurs n'est-ce pas posséder que d'avoir un métier, un talent qui fournit honorablement aux besoins, et ne doit-on pas réserver une part du fruit de son travail à ceux qui sont moins bien partagés ?

Vous portez en vous, mes enfants, de quoi aider à ce grand résultat. Pensez souvent aux malheureux. En attendant que vous puissiez réserver leur part dans l'activité de votre vie, faites-leur une part dans vos réflexions ; c'est vous qui leur devrez alors de la reconnaissance ; ils vous sauveront de l'égoïsme et vous feront avancer dans la voie du bien.

UNE FEMME DE BIEN.

Elle disait, tendant la main aux travailleurs :
« La vie est dure ici, mais sera bonne ailleurs,
Avançons ! » Elle allait, portant de l'un à l'autre
L'espérance ; c'était une espèce d'apôtre
Que Dieu, sur cette terre où nous gémissons tous,
Avait fait mère et femme, afin qu'il fût plus doux.
L'esprit le plus farouche aimait sa voix sincère.
Tendre, elle visitait sous leur toit de misère
Tous ceux que la famine ou la douleur abat,
Les malades pensifs, gisant sur leur grabat,
La mansarde où languit l'indigence morose ;
Quand par hasard moins pauvre, elle avait quelque chose
Elle le partageait à tous comme une sœur ;
Quand elle n'avait rien, elle donnait son cœur,
Calme et grande elle aimait comme le soleil brille
Le genre humain pour elle était une famille
Comme ses trois enfants étaient l'humanité.
Elle criait : Progrès ! Amour ! Fraternité !
Elle ouvrait aux souffrants des horizons sublimes.

VICTOR HUGO.

XXI

Discrétion et choix a apporter, même dans la charité. Art de donner.

Vous connaissez, mes enfants, le vieux proverbe : Charité bien ordonnée commence par soi-même. Nous allons le modifier un peu, n'est-ce pas, et nous dirons : Commence autour de nous. La charité qui commence par soi-même, vous savez son nom : c'est l'égoïsme; nous n'avons que faire de la recommander.

Toute souffrance est digne de pitié, mérite secours; mais celles qui nous entourent, que nous voyons, que nous touchons, nous réclament tout d'abord. Cette simplicité que l'on vous recommande en tout, gardez-la dans la charité; il n'y faut pas tant d'imagination; le cœur suffit. On trouve assez souvent tout près les occasions d'exercer sa bienveillance sans aller les chercher bien loin. Dans un de ses beaux romans, Dickens nous dépeint une femme animée d'une tendresse et d'un dévouement sans limites pour « les naturels de Borrioboula-Gha, sur la rive gauche du Niger ». Elle leur donne son temps, ses pensées, ne réservant rien pour autre chose, tandis que chez elle tout se ruine et que ses enfants passent leur vie à tomber par les fenêtres ou dans le feu.

Voici un portrait de cette dame, un petit tableau de son intérieur, qui vous ôtera, je le pense, tout désir d'imitation :

Mistress Jellyby était une jolie petite femme, toute ronde, entre quarante et cinquante ans, avec de beaux yeux, mais qui avaient une curieuse habitude de sembler regarder au loin, comme s'ils ne pouvaient apercevoir rien de plus près que l'Afrique. Elle avait de beaux cheveux, mais était trop occupée de ses devoirs africains pour les brosser. Le châle qui l'enveloppait tomba sur sa chaise pendant qu'elle s'avançait vers nous, et comme elle se retournait pour prendre sa place, nous dûmes remarquer que sa robe ne fermait pas et que l'espace blanc était recouvert d'une sorte de lacis comme une porte à claire-voie. La salle, parsemée de papiers et à peu près remplie par un immense bureau non moins encombré de paperasses, n'était pas seulement en désordre, mais très sale. — Ce qui nous frappa surtout, c'était une jeune fille, nullement laide, mais l'air fané, souffreteux, assise à ce bureau, mordillant sa plume et nous regardant fixement; je crois que personne n'a jamais été aussi couvert de taches d'encre. Depuis ses cheveux défaits jusqu'à ses pantoufles de satin sales, déchirées, les talons tordus, elle n'avait pas sur elle un fil qui fût à sa vraie place et en bon état.

« Vous me trouvez, mes amis, dit mistress Jellyby, très occupée, comme d'habitude; mais vous m'excuserez. Ce projet d'Afrique prend tout mon temps; il m'oblige à une correspondance énorme avec les pouvoirs publics et avec des particuliers désireux du progrès de leur espèce. Je suis heureuse de dire que nous avançons; l'année prochaine nous aurons de cent cinquante à deux cents familles bien portantes, cultivant le café, et travaillant à l'éducation des naturels de Borrioboula-Gha, sur la rive gauche du Niger. »

Sa conversation est interrompue par l'entrée de Peepy, le malheureux petit qui a failli laisser sa tête entre les barreaux d'une fenêtre de la cuisine; le front couvert de sparadrap, il vient exhiber ses jambes contusionnées, desquelles nous ne savions que déplorer davantage, les bleus, ou la saleté. Mistress Jellyby, avec la sérénité qu'elle met en toutes choses, lui dit seulement : « Allez-vous-en, vilain Peepy » et fixe de nouveau ses beaux yeux sur l'Afrique.

Vient ensuite la description des chambres où les rideaux

des fenêtres sont rattachés par une fourchette, où l'on trouve des marmites égarées sur des toilettes, et des moules à pâté pour remplacer les cuvettes; puis du dîner, composé de plats superbes, absolument crus et qui traîne en longueur par suite d'accidents variés et du mauvais vouloir qui règne entre les servantes.

Mistress Jellyby garde à travers toutes ces épreuves une parfaite égalité d'humeur. Elle raconte toutes sortes de choses intéressantes sur les naturels de Borrioboula-Gha et reçoit tant de lettres pendant le dîner que l'on voit jusqu'à quatre enveloppes à la fois dans la saucière.

J'aurais aimé savoir qui était un monsieur chauve, en lunettes, à l'air doux, entré après le poisson et tombé sur un siège vacant. Il semblait admettre passivement Borrioboula-Gha, mais ne pas prendre un intérêt actif dans cet établissement. C'est en quittant la table seulement que j'eus l'idée qu'il pouvait bien être M. Jellyby. Pendant toute la soirée, il resta dans un coin, la tête contre le mur, comme en proie au découragement. Mistress Jellyby, assise comme dans un nid de papier déchiré, but de nombreuses tasses de café, tout en dictant à sa fille aînée. Elle parla de la fraternité humaine et exprima de très beaux sentiments. Je ne fus pas une auditrice aussi attentive que je l'aurais désiré, occupée que j'étais de Peepy et des autres enfants qui se pressaient autour de moi jusqu'au moment où Mistress Jellyby, les apercevant par hasard, les envoya au lit. Leur bonne fondit sur eux comme un dragon, et les fourra dans leurs couchettes.

DICKENS. (*Bleak-House.*)

Il n'aurait pas fait bon, n'est-ce pas, vivre dans cette maison où le superflu prenait la place du nécessaire. Le premier devoir est celui qui se trouve tout près de nous.

Un certain nombre d'êtres ont sur nous des droits tout particuliers, qui priment les autres. Nous blessons la justice en leur enlevant ce qui leur appartient. Un père, une mère qui délaisseraient leurs enfants pour mieux s'intéresser à l'humanité en général ; des enfants, qui sacrifieraient les devoirs de famille à des préoccupations même philanthropiques, manqueraient à un devoir strict et précis. Il ne faut pas acheter le bien incertain des uns par la souffrance certaine des autres, surtout quand ceux-ci ont à compter sur nous. Notre champ d'action est assez vaste, en le bornant à notre entourage ; c'est là qu'il faut chercher le mal à guérir ; après, s'il ne reste plus de misères autour de nous, nous ne demanderons pas mieux que de nous occuper des Chinois ou des négrillons des pays fantastiques.

N'est-il pas à désirer que tout le monde en fasse autant? Nous connaissons nos voisins, nous les comprenons et notre compassion, en cherchant à les soulager, risquera moins de s'égarer qu'en entreprenant l'éducation des naturels des antipodes. Il est beau certainement de s'intéresser à eux par respect pour la solidarité qui lie tous les hommes. Mais si nous comprenons bien l'amour de l'humanité, les devoirs qui en dérivent, nous aurons plus d'ardeur cependant à remplir ceux que nous dicte une sympathie plus vivante, plus consciente d'elle-même et de ce qui la fait naître. Il y a partout du bien à faire, du mal à panser ; pourquoi ne pas commencer par le mal qui nous gêne, qui nous blesse les yeux ? Mettons-nous à l'œuvre bravement; sarclons notre jardin et faisons des vœux pour le succès de ceux qui veulent dessécher les Marais Pontins.

Il n'est pas aussi facile qu'on pense de bien donner, à propos, utilement, sans humilier, de façon à produire cette reconnaissance qui est comme l'épanouissement du cœur. Si les bienfaits rencontrent trop souvent des ingrats, c'est que trop souvent aussi les bienfaiteurs ont manqué de tact, de discrétion.

Cherchons à comprendre l'état d'esprit du malheureux que l'on veut secourir; vous entendez bien qu'il n'est pas question du mendiant de profession, de cet exploiteur de pitié qui vole la part du vrai pauvre ; il s'agit d'une personne réduite à la misère par accident. Cette misère même, qu'elle soit amenée par la maladie ou par des défauts d'esprit, de caractère, des imprudences de conduite, n'indique pas des dons heureux pour le combat de l'existence ; la défaite n'a pas amélioré l'humeur. Ce bienfait qu'on apporte, qui sait comment il va être envisagé? Se rendre justice exacte à soi-même est encore plus difficile que de la rendre aux autres. Votre obligé ne se dira pas que des fautes ont amené sa situation ; il ne le pense pas ; le manque de prévoyance qui lui a fait oublier l'épargne, il ne se l'imputera pas comme un tort ; il l'ajoutera à ses griefs contre la vie, car il lui semble ne s'être jamais accordé que le nécessaire. Pourquoi, pourrait-il se dire, est-ce moi qui suis forcé d'attendre la grâce d'un bienfait, tandis qu'un autre peut dispenser cette grâce ou la refuser à son gré? — Ce sont là sentiments bien amers, mais la misère est mauvaise conseillère et celui qui souffre voit le mal partout.

Si vous voulez soulager, commencez par apprivoiser ceux à qui vous voulez faire du bien : faites-vous pardonner votre supériorité sur eux. S'ils aiment la main qui donne, le don leur paraîtra doux. Ne croyez pas avoir acheté par vos bienfaits le droit de dire des vérités désagréables ; n'imposez pas vos conseils ; tâchez qu'on vous les demande. Vous n'aurez réussi que si l'on trouve votre visite dans la pauvre demeure trop courte, si l'on désire votre retour.

La reconnaissance naîtra alors et tout ce qu'elle amène de bienfaisant : un élan plein d'affection vers la source du secours, de la confiance en soi-même, puisqu'on s'est vu traiter en égal par le bienfaiteur, de la confiance en l'avenir, parce qu'on se sait soutenu et non isolé dans les difficultés présentes. Qui sait ! ce sera peut-être un germe qui produira de belles floraisons : le désir de rendre ce qu'on a reçu, de le rendre à d'autres malheureux, et de faire le bien comme des âmes nobles et tendres vous ont enseigné à le faire.

Fais à autrui ce que tu voudrais qu'on te fit, c'est le principe de la charité, vous le savez. Cherchez, mes enfants, à le bien comprendre. Si d'heureuses circonstances vous permettent de donner et non d'attendre secours et assistance, je vous recommande une petite opération d'esprit qui ne dépasse la portée d'aucune de vous. Renversez les rôles par la pensée : supposez que vous recevez au lieu de donner ; vous arriverez ainsi à éviter aux autres les froissements, les blessures qui dénaturent le bien et vont jusqu'à lui donner quelquefois une physionomie revêche et renfrognée, sous laquelle il est impossible de reconnaître la divine charité.

XXII

Devoirs envers soi-même. Soins a donner au corps. Propreté. Hygiène.

Vous avez souvent entendu dire, mes enfants, que le premier des biens, c'est la santé ; sans elle, il est impossible d'en goûter aucun autre. Elle est aussi une condition importante de l'accomplissement du devoir ; une vie active, utile, réclame un corps en bon état. C'est une servitude qu'une mauvaise santé, une cause de trop grande préoccupation de soi-même, redoutable pour plus d'un caractère.

Non que la faiblesse physique rende incapable de remplir ses devoirs, de faire le bien. D'illustres exemples ont montré ce que peut une âme forte même dans un corps frêle.

Mais sans parler du bonheur personnel que donne une belle santé, il faut bien reconnaître que des indispositions fréquentes entravent ou empêchent tout travail suivi ; que le temps fort désagréablement passé à souffrir est du temps perdu pour l'activité utile ; des organes en bon état, des membres robustes sont un précieux secours aux belles intelligences et aux bonnes volontés. Tout le monde est d'accord là-dessus

Ce qui semble un peu moins évident, c'est, comme on l'a prétendu, que notre santé est entre nos propres mains, qu'on n'est jamais malade quand on veut énergiquement se bien porter et que nos maladies ne sont que des défaillances de volonté Il s'est trouvé des savants pour soutenir ce paradoxe flatteur ; nous n'avons pas à le discuter ; mais ce qui est certain, c'est que nous pouvons beaucoup pour le maintien de notre santé : la bonne hygiène, la tempérance, la modération en tout, bien observées diminueraient sérieusement le travail des médecins, qui se trouverait encore plus réduit, si chacun de nous se pénétrait de bonne heure et profondément des vertus sans pareilles de l'eau claire et de l'air pur.

L'usage de l'eau, de beaucoup d'eau, entre heureusement de plus en plus dans nos habitudes à tous ; vous auriez peine à croire qu'il fut un temps où l'on recommandait aux jeunes filles de ne pas trop s'attarder chaque matin aux soins de ce corps destiné à devenir un jour la pâture des vers. Nous pensons aujourd'hui qu'on attendant ce moment-là, il est bon de l'entretenir dans le meilleur état possible, ce corps, notre instrument de travail, et que l'eau froide, judicieusement appliquée, fait grand bien. Que de sources, soi-disant miraculeuses, ont fait des merveilles en effet, par les bains froids quotidiens qu'elles offrent aux croyants !

Le bain froid ou chaud n'est pas tous les jours à la portée de chacun ; mais l'eau, en quantité suffisante pour les besoins d'une bonne hygiène, chacun peut se la procurer dans notre pays. L'air, même dans les villes, ne nous est pas non plus mesuré avec avarice.

L'aération complète, minutieuse, des appartements, de la literie, est un des moyens d'assainissement les plus efficaces, à condition d'être aidée par une parfaite propreté. La poussière, voilà l'ennemi, pour une bonne ménagère. Il faut lui faire une guerre acharnée, la poursuivre dans ses derniers retranchements, dans les plus petits coins, car qui sait tous les miasmes, tous les mauvais germes, tous les vilains microbes qu'elle contient. C'est elle qui, étendue subtilement, sournoisement, sur les meubles ou dessous, les empêche de parfumer nos chambres de cette fine odeur de bois à laquelle se reconnaît l'appartement bien tenu ; elle ronge nos étoffes, donne aux pièces où nous vivons l'aspect lamentable qui influe sur notre humeur, par suite sur notre santé ; la nuit, quand tout est clos, la moindre agitation, même extérieure, la met en mouvement ; elle descend des murs, des plafonds ; nous la respirons, et Dieu sait, ce qui, avec elle, pénètre en nous !

Un peu d'activité, de soin préservent de ces dangers, donnent le bénéfice d'une habitation saine, agréable, si pauvre qu'elle soit. Si cette activité, ce soin entrent dans vos habitudes, s'ils sont réglés, continus, ils vous éviteront l'espèce de fièvre périodique trop connue de certains ménages et de nature fort gênante : celle des grands nettoyages. De même que les habitudes d'ordre rendent inutiles les fréquents « rangements » de même la propreté habituelle permet d'espacer largement ces nettoyages qui ressemblent à des démolitions suivies de reconstructions ; pendant qu'ils durent, la vie ordinaire est comme suspendue ; quand ils sont finis, le respect terrifié de l'œuvre accomplie ne permet plus à personne de mettre les pieds par terre, de peur de laisser une empreinte, ou de s'asseoir sur une chaise de crainte de déranger la symétrie. L'ordre, la propreté ont pour objet votre bien-être, votre santé ; en les observant tous les jours, il ne sera jamais nécessaire de rendre à personne la vie dure en leur nom.

Le soin de vos vêtements réclame aussi grande attention. Vous êtes-vous jamais demandé ce que votre robe, votre manteau, votre chapeau, représentent d'heures du travail de vos parents ? Plus vous les userez vite, plus il faudra de peine pour les remplacer. Combien d'entre vous se feraient scrupule d'ajouter le moindre poids au fardeau déjà lourd qui pèse sur les siens ! Mais par légèreté, manque de réflexion, vous augmentez les causes de dépenses !

D'ailleurs la dépense, même exagérée, ne supplée pas au soin dans la toilette. Ce qui donne à la mise d'une jeune fille le charme, même l'élégance, ce n'est pas la richesse de l'étoffe : elle serait contraire au bon goût, ni la mode observée ; c'est la fraîcheur. Or, pour la garder, il faut s'imposer un peu de cette gêne, sans laquelle, contrairement au proverbe, il n'est point de plaisir, avoir horreur des taches et regarder une robe déchirée ou tachée, comme une robe déshonorée.

Le soin, pour conserver, l'adresse des doigts pour réparer : voilà deux choses indispensables à toute jeune fille qui se respecte.

Ce respect de vous-même, première condition de l'estime des autres, vous défendra la négligence dans votre mise, dans votre coiffure, même aux heures où vous êtes seules, où personne ne doit vous voir.

Y a-t-il rien de plus déplaisant qu'une jeune fille traînant toute une matinée son désordre à travers l'appartement ; ne doit-elle pas à toute heure offrir un aspect décent et convenable ? J'aime cette habitude anglaise qui interdit aux femmes la robe non ajustée et les pantoufles en dehors de la chambre à coucher ; on peut sans doute admettre des exceptions, en cas de maladie ou de grande fatigue. Mais je ne vois aucune raison empêchant les jeunes filles de commencer leur journée par les soins de toilette qui les rendent présentables. On en trouve toujours le temps, dût-on dormir quelques instants de moins.

Il y a plus de rapport qu'on ne croit entre les choses extérieures et nos dispositions. Une mise négligée, une attitude molle et par trop abandonnée disposent mal au travail.

Quand on nous raconte qu'un écrivain du XVIIIe siècle ne pouvait écrire qu'en tenue de cérémonie, nous sourions : la cérémonie nous paraît de trop ; la bonne tenue ne l'est pas, et le travail s'en ressent.

Or, toute votre vie doit être orientée relativement à votre travail. Vous mettre, rester en état de lui donner tout le fini, toute la perfection possible, voilà le but.

Aussi faudra-t-il ménager les intervalles de repos nécessaires, ne pas oublier les autres conditions de la santé, l'exercice au grand air, ne pas attendre l'avertissement de la souffrance pour comprendre que vos forces sont dépassées. Le travail en lui-même produit bien rarement ces effets fâcheux ; ce ne sont pas les occupations bien réglées, suivies avec intelligence, avec discernement qui fatiguent ; c'est le mauvais choix des heures, de l'espèce de travail parfois ; ce sont des raisons qui lui sont étrangères. Ne sommes-nous pas faits pour agir, comme l'oiseau pour voler, le poisson pour nager? Sachons suivre sagement cette loi de notre nature; le travail, loin de nous nuire, nous maintiendra en bonne santé et en belle humeur.

« La santé morale fait la santé physique. L'esprit a des poisons qui tuent le corps, des fruits bienfaisants qui le conservent et le guérissent.

Le vieil adage tragique : « C'est au coupable qu'est dû le châtiment » trouve son application non seulement au point de vue de a morale et du droit, mais encore au point de vue physique. Ce qu'on a dit sur l'origine des maux qui se perpétuent dans l'espèce humaine, demande à être rectifié par un naturaliste ami de l'humanité. Il montrera, et chaque jour avec une évidence plus grande, que l'état de faiblesse et même les maladies de la génération actuelle ont leur source plutôt dans des causes morales que dans des causes physiques, et que, pour les prévenir et pour les extirper, le remède nécessaire, c'est l'éducation matérielle, mais bien davantage une éducation plus élevée, d'un ordre différent, qui doit commencer par nous-mêmes.

« Ne songez pas, dit Lavater, à embellir l'homme sans le rendre meilleur. » Nous ajoutons, avec une foi pleine et entière : « Si vous ne le rendez meilleur, ne songez pas à conserver sa santé. »

Docteur DE FEUCHTERSLEBEN.

XXIII

Le contentement. Être satisfait de son état. Comment on peut y arriver.

Certains moralistes, un peu exigeants peut-être, regardent comme un devoir d'être satisfait de son lot, content de sa vie, quelle qu'elle soit. Le beau mérite, disent-ils, que la gaieté dans une vie souriante, heureuse ! Ce qui est beau, c'est de conserver la sérénité, l'égalité d'humeur à travers les contrariétés, les peines, les souffrances. Prenant à la lettre le mot de Bossuet : « Une âme forte est maîtresse du corps qu'elle anime », ils prétendent que la volonté peut servir à rendre tout supportable, même la douleur physique.

Une malade, effrayée d'une petite opération à subir, demandait à son médecin si elle allait souffrir beaucoup ; « cela dépend de vous, lui dit-il ; si vous êtes bien résolue, vous souffrirez moins. » Et elle reconnut qu'il avait dit vrai.

Mais ces sortes de souffrances sont des accidents, comme les maladies, les grands chagrins et autres fléaux auxquels nous sommes tous sujets ; ce ne sont pas ces exceptions qui donnent à la vie sa couleur générale. Le contentement recommandé, mes enfants, c'est celui qu'on doit trouver, garder dans la vie de chaque jour.

Si l'on veut apprécier avec exactitude le plus ou moins

de bonheur départi à quelqu'un, il faut bien connaître l'ensemble produit par les circonstances extérieures où elle vit et ses dispositions personnelles. En tenant compte de cette observation, on s'aperçoit que les biens sont distribués aux hommes d'une façon moins disproportionnée qu'il ne semble d'abord. Il en est du bonheur comme de la fortune : tel est pauvre avec des revenus considérables, tel est riche avec fort peu d'argent. L'aisance, la richesse étant la facilité de satisfaire ses besoins, ses désirs, il y a deux façons d'être riche : avoir de grandes ressources, ou des désirs modestes. Le second moyen est le plus sûr, le plus a la portée de chacun de nous.

Deux personnes peuvent avoir situation semblable, mêmes occupations, mêmes revenus ; selon leur façon d'envisager les choses, l'une peut être heureuse où l'autre est très malheureuse. Les yeux de chacune d'elles voient un monde tout différent. Mais voir tout en noir n'aide pas à bien remplir sa tâche ; les bonnes dispositions qui nous montrent le bon côté aussi bien que le revers des choses, facilitent singulièrement tout travail.

Si c'est aller loin que de faire du contentement un devoir — car ce serait souvent de tous le plus difficile à remplir — on peut dire que le mécontentement habituel est une des conditions les plus fâcheuses de la vie, un obstacle sérieux à tout succès. — Comment faire donc pour trouver bonne une vie qu'on voudrait différente, intéressantes, des occupations qu'on n'a pas toujours choisies, sympathique, un milieu qui déplait ? Regarder autour de soi et réfléchir.

Tant de gens voudraient leur vie différente ! De votre propre profession, de votre travail personnel, vous sentez surtout les difficultés, les gênes ; le lot d'autrui vous apparaît en rose, parce que vous le connaissez mal, par les dehors ; vous vous trouvez à plaindre, les autres vous paraissent mieux partagés ; mais qui sait ? si chacun apportait son fardeau pour vous en faire sentir le poids, le vôtre vous paraîtrait peut-être le moins lourd. Nul ne peut mettre sa vie entièrement d'accord avec ses désirs : du moins peut-on ne pas fermer les yeux à ce que toute vie renferme. Et elle contient beaucoup de bon ; elle nous offre les joies de la famille, les jouissances de l'amitié, celles de la nature et celles de l'art ; la poésie et les beaux livres ; l'épine fleurie d'avril, l'épanouissement du mois de mai ; au retour de l'hiver, les plaisirs du foyer. N'y a-t-il pas dans tout cela quelques compensations aux peines, aux ennuis, aux déboires ? Les peines elles-mêmes servent à nous faire goûter plus vivement les joies quand revient le calme ; après l'orage, on jouit du soleil.

Un des plus grands hommes qui aient jamais traversé notre monde pour nous laisser l'exemple de ses vertus et le souvenir de son héroïsme, Socrate faisait remarquer à ses disciples comment les peines et les plaisirs sont unis ici bas. C'était le matin même de son dernier jour. Il s'entretenait avec les siens des nobles espérances qui doivent remplir l'âme humaine et lui garder sa sérénité même devant le supplice. On venait de lui ôter ses liens.

« Il s'assit sur son lit, et pliant la jambe d'où l'on venait d'ôter la chaîne, et la frottant avec la main : « Quelle chose étrange, nous dit-il, que ce que les hommes appellent plaisir, et comme elle s'accorde merveilleusement avec la douleur qu'on croit pourtant son contraire ; car s'ils ne peuvent jamais se rencontrer ensemble, quand on prend l'un des deux pourtant, il faut presque toujours s'attendre à l'autre, comme s'ils étaient liés inséparablement. Je crois que si Esope avait pris garde à cette idée, il en aurait fait peut-être une fable. Il aurait dit que Dieu, ayant voulu accorder ces deux ennemis, et n'ayant pu y réussir, se contenta de les lier à une même chaîne, de sorte que, depuis ce temps-là, quand l'un arrive, l'autre le suit de près. C'est ce que j'éprouve aujourd'hui moi-même ; car à la douleur que les fers me faisaient souffrir à cette jambe, le plaisir semble succéder à présent [1]. »

Oui, répondra l'esprit mal fait ; ici bas toute joie est mélangée de peine. — Non, dira l'esprit plus juste, toute peine est mélangée de joie. Les roses ont des épines ; cela est incontestable : elles n'en sont pas moins les roses

Mais comment, direz-vous, comment arriver à trouver de l'intérêt dans des occupations choisies pour nous par d'autres et que nous n'aimons pas? — Si vous n'êtes pas propres à ces occupations, il faut y renoncer, en trouver d'autres; ayez patience, cependant. Il est probable que le choix fait pour vous était fondé sur quelque aptitude de votre part; peut-être finirez vous par vous y complaire; on fait généralement volontiers ce qu'on fait bien ; dès lors l'intérêt de l'œuvre poursuivie, œuvre d'art ou de métier, anime au travail le cœur et la main, fait naître le plaisir ; on est sauvé, le plus fort est fait. La satisfaction du devoir rempli, et bien rempli est souverainement apaisante; peu d'amertumes y résistent : le monde prend une autre couleur pour celui qui sait y bien jouer son rôle, si humble qu'il soit. — Quant au milieu antipathique, il existe un secret pour le rendre non seulement supportable, mais agréable. Au lieu de tant souffrir des autres, de leur petitesse, de leur malveillance, de leur sottise, si nous cherchions à leur laisser de nous mêmes quelques impressions aimables, si nous exigions moins d'eux, si nous leur donnions davantage, sous quel jour différent n'arriverions-nous pas à les voir?

[1] Phédon, *Dialogues de Platon*. Traduction Chauvet et Le Saisset. Bibliothèque Charpentier.

La chose n'est peut être pas des plus aisées; mais elle vaut d'être tentée et n'est pas impossible.

Tout d'abord, ne montrons pas à des personnes déplaisantes, dont le hasard nous a imposé pour un temps la compagnie, la piètre opinion que nous avons de leur mérite; ce serait là une franchise peu charitable, et, qui plus est, maladroite. Pensant n'avoir plus rien à perdre dans votre opinion, elles la justifieront de plus en plus; à quoi bon se gêner. « Les frais de la mésintelligence sont tout faits. » Il en coûterait trop de changer. La bienveillance, au contraire, appelle la bienveillance et j'ai rarement vu répondre à un sourire par une grimace.

Il n'est pas bon dans la vie de chaque jour de tenir un compte si exact de ce qui nous est dû et de l'exiger, ouvertement ou non, avant de donner quelque chose à notre tour. Il fut un temps, surtout chez nous, en France, où l'on était poli jusque sur le champ de bataille, où l'on se saluait avant de se battre; ne pourrait-on garder un peu de cette courtoisie jadis nationale, qui faciliterait tant les rapports entre gens peu sympathiques les uns aux autres? L'exacte justice qui veut œil pour œil, dent pour dent, rendrait la vie commune impossible; sachons céder quelque chose, même de notre droit, pour l'amour de la paix, de l'harmonie : ce sera encore de la justice, celle qui se préoccupe des droits d'autrui.

Tout n'est pas parfait autour de nous, et l'on peut observer :

> Cent choses, tous les jours,
> Qui pourraient mieux aller, prenant un autre cours.

Est-ce une raison de continuel mécontentement? De quel droit demanderez-vous aux autres de se conformer à votre manière de voir, de sentir, de penser sur toutes choses? Savoir être contrarié des gens et des choses est peut-être la grande science de la vie, celle qui demande les qualités les plus hautes, les plus douces, les plus précieuses. Il ne faut rien moins que de la force d'âme pour supporter avec patience les contradictions, les froissements injustes parfois, qu'amène la vie de chaque jour. Il faut de la douceur d'âme pour rester calme dans les peines de toutes sortes, qui sont le lot commun. Ceux-là sont bien doués qui possèdent cette sorte de courage Le mal peut les atteindre, il les v incera difficilement.

Pendant une épidémie de choléra, un jeune homme, un étudiant en médecine peu avancé dans ses études, s'était offert comme infirmier volontaire au médecin en chef d'un hôpital. Celui-ci n'avait d'abord pas voulu l'accepter. « Vous n'avez pas de titres. » — « Non, mais j'ai tant de gaité! J'amuserai vos malades; ils ne voudront plus mourir. » L'aide fut acceptée et la bonne humeur du médecin futur fit, dit-on, autant de bien que la science des médecins présents.

Cette gaité dans le courage est, en effet, le plus efficace des toniques ; grâce à elle, la lutte se reprend avec entrain, même après l'échec ; la vaillance gaie est la plus communicative, celle qui montre le mieux comment l'homme peut dominer les choses.

C'est aussi une vertu française par excellence, déjà appréciée des Gaulois qui se faisaient honneur de rester gais dans la souffrance et dans la mort. « Il tomba, rit et mourut », était la plus belle oraison funèbre d'un guerrier.

Rire dans la mort, c'est très beau. Mais il est aussi beau et peut-être plus utile de savoir souvent sourire dans la vie.

Souviens-toi que de même qu'il est honteux de trouver étrange qu'un figuier porte des figues, il ne l'est pas moins de s'étonner que le monde porte les événements, qui sont ses fruits.

Chacun a son plaisir à soi. Moi, le mien, c'est de conserver mon esprit bien sain; de le préserver de toute aversion pour l'homme ou pour ce qui arrive aux hommes, de lui faire envisager d'un œil de bienveillance, accueillir sans murmures, tous les événements, de lui faire user de chaque chose selon sa valeur.

Quelqu'un me méprise? C'est son affaire. Moi, je prendrai garde de ne rien faire ou dire qui soit digne de mépris. Quelqu'un me hait? C'est son affaire encore. Moi, je suis doux et bienveillant pour tout le monde, tout prêt à montrer à chacun qu'il se trompe, non en le mortifiant, non en affectant de faire un effort, mais franchement et avec bonté.

MARC-AURÈLE[1].

XXIV

Mes enfants, je feuilletais l'autre jour à votre intention un vieux recueil de nouvelles du siècle dernier. J'en ai choisi une petite et l'ai habillée un peu à la mode du jour, parce qu'elle m'a semblé rappeler et presque résumer nos entretiens de cette année.

Puissiez-vous, chères petites, éprouver un jour par vous-mêmes les sentiments qu'elle suggère.

LE SOIR D'UN BEAU JOUR.

— Onze heures! dans un quart d'heure tout le monde sera arrivé, et la mariée n'est pas prête! A quoi pensestu, Geneviève!

[1] *Pensées*. Traduction de A. Pierron. Bibliothèque Charpentier.

— Là, là, Marie, ne te fâche pas ; il n'y a plus que le fichu et les roses à poser. Elle est si jolie, notre mariée ! on peut bien perdre un peu de temps à la regarder.

La mariée souriait avec tendresse aux deux jeunes filles. Elle portait une robe de soie d'un joli gris de lin, sur laquelle Geneviève épingla gracieusement un fichu Marie-Antoinette en dentelles blanches; dont les plis étaient retenus de côté par un bouquet de roses mousseuses ; on en avait réservé quelques-unes pour orner les beaux cheveux d'un blanc de neige, mousseux, eux aussi, comme les roses. Car la mariée avait soixante-douze ans, ses filles d'honneur étaient les filles de ses fils ; ce qu'on allait célébrer, c'étaient ses noces d'or.

— Oh ! que tu es belle, grand'mère, s'écrièrent les deux petites en battant des mains.

Vous auriez dit comme elles. Droite dans sa petite taille, avec ses yeux noirs très vifs, qui n'avaient pas perdu tous leurs cils, son teint rosé par la petite surexcitation du jour, ses légères boucles blanches, la bonne maman était charmante à voir ; elle en avait parfaitement conscience et jouissait sans la moindre affectation d'humilité, de voir ses enfants l'admirer.

On a frappé à la porte ; le marié, au pied de l'escalier, attend avec un peu d'impatience que les derniers rubans soient noués ; enfin la mariée descend suivie de ses filles d'honneur qui portent gravement la queue de sa robe.

Grand-père aussi est très beau ; ses quatre-vingts ans sont tout souriants ; à peine sa haute taille s'est-elle un peu inclinée ; sa physionomie a le charme des belles vieillesses, plus pénétrant, plus touchant que celui de la jeunesse. Car la vie sculpte les visages et leur imprime le masque des préoccupations habituelles ; de là l'attrait de certaines figures, la répugnance inspirée par d'autres ; ces sentiments, quand il s'agit des vieillards, ne tiennent certainement pas à la forme des traits, au teint ou à l'éclat des yeux, mais à quelque chose de plus profond, de moins matériel, à l'âme qui est révélée, parfois trahie par l'enveloppe. Grand-père est donc très beau; lui aussi est en costume de fête, la boutonnière fleurie d'une rose et entouré de ses garçons d'honneur, deux de ses petits-fils.

Il s'avance vers sa femme, et lui fait une révérence à l'ancienne façon : « Peut-on vous embrasser, belle dame?... Non, aujourd'hui elle est trop belle ; on ne peut que lui baiser la main, comme aux reines. »

Le madrigal est interrompu par un joyeux bruit à la porte du jardin; on ouvre, et une quarantaine de personnes, hommes, femmes, enfants, chacun portant un bouquet, s'avancent vers le couple ému, resté immobile sur le perron, les deux jeunes filles derrière grand' maman, les deux jeunes gens derrière grand-père.

A ce moment, le respect de la vérité oblige de constater qu'un peu de désordre se produit. On ne garde pas son rang comme il avait été convenu ; chacun veut offrir son bouquet, ses vœux et ses baisers le premier. Geneviève intervient, rappelle avec force, bien qu'à demi-voix, qu'on oublie tous les arrangements. Ce n'était pas la peine de faire une « répétition générale » pour manquer ainsi le principal effet ; c'est à Yvonne, la plus petite des arrière-petites-filles, à donner la première son bouquet et à dire son compliment. » — « Geneviève a raison ; bravo, Geneviève ! » et l'on avance Yvonne ; ce personnage a deux ans et parle déjà très bien. Elle offre son bouquet à grand'mère et commence : « Bonne maman et bon papa, je vous souhaite une bonne fête et une... » le reste ne vient pas. Vite, bonne maman la prend, la couvre de baisers, car il y avait péril en la demeure ; ça vous a déjà son amour-propre d'orateur et n'est pas content du tout de rester court.

D'autres compliments font une heureuse diversion et Geneviève, qui paraît l'ordonnateur en chef, propose de ne pas retarder le déjeuner servi au fond du jardin.

Elle avait ses raisons pour ne pas retarder ce moment. Depuis trois jours, elle, sa cousine et ses cousins, avaient déployé une puissance d'invention touchant au génie, pour empêcher les grands-parents d'aller au fond du jardin. La température, bien qu'on fût en juillet, avait heureusement secondé leur diplomatie, et les surprises destinées à fêter le cinquantenaire n'avaient rien perdu de leur qualité de surprise.

Au bout d'un quart d'heure, les enfants eurent la joie de voir le cortège s'acheminer vers la salle à manger improvisée au jardin : grand'mère au bras de Paul, l'aîné de ses petits-fils, et tenant Yvonne par la main ; grand-père donnant le bras à Jeanne, l'aînée de ses petites-filles; les autres suivant par couples, selon l'âge, grands et petits très amusés par le mélange de gaîté et de solennité de la cérémonie.

Au même instant retentit, comme de juste, la *Marche nuptiale* de Mendelssohn, jouée à deux pianos et sans laquelle il n'est pas de noces valables ; elle escorta notre monde jusqu'à la grande table, garnie de fleurs et de plantes vertes, parmi lesquelles étaient rangées les quarante-trois cadeaux offerts par les quarante-trois enfants; on y trouvait les objets habituels : bijoux, argenterie, et aussi pelotes à épingles, essuie-plumes, vide-poches, ronds de serviettes brodés et autres. Le grand succès fut pour un tableau de Georgette qui avait eu une médaille au Salon, et pour un diplôme de docteur en médecine dont Paul offrait la surprise à ses grands'-parents.

Remerciements, effusions, quelques larmes, non pas seulement dans les yeux des grands-parents.

Enfin, on arrive à la table du déjeuner, d'une splendeur dont les fleurs et la verdure faisaient surtout les frais. On prend place dans l'ordre du cortège, et tout se passe bien cette fois, grâce à la sévérité de Geneviève et de Marie, qui ne permettent aucun changement de place, de sorte que les petits, les jeunes, les vieux, se trouvent heureusement entremêlés.

Grand'maman n'a pas du tout ses inquiétudes ordinaires de maîtresse de maison qui reçoit ; c'est à elle surtout que la fête se donne, elle en accepte l'hommage doucement, elle est trop émue, d'ailleurs, pour accorder grande attention au menu. Et puis personne n'a rien à apprendre sur ces matières à Geneviève ; ses dispositions naturelles pour le bon gouvernement d'une maison ont été servies par une éducation parfaite ; son déjeuner est apprécié de tous; elle s'est rappelé les goûts de chacun et même les infirmités de quelques-uns.

Qui sonne? Facteur du tél graphe! Dépêche sur dépêche, il en arrive de tous côtés; en voici trente-sept. Ce sont des parents éloignés, de vieux amis « qui s'associent de pensée et de cœur à la belle fête de famille », selon la formule à peu près invariable des télégrammes. On apporte le champagne. Le moment des discours est arrivé. Grand-père, le verre en main, se lève ; un profond silence se fait. « Avant tout, mes enfants, laissez-moi remercier votre mère : c'est à elle que nous devons cette journée, comme je lui dois toutes mes joies, toute ma force, et vous ce qu'il y a de bon dans votre vie.

» Il y a aujourd'hui cinquante ans que je l'ai prise par la main, conduite dans la pauvre demeure qui, à cause d'elle, est restée dans mon souvenir plus belle qu'un palais. Nous n'étions pas très riches, moi, avec mes quatre francs par jour à l'usine, elle, avec son métier de fleuriste. Par quelle magie avons-nous toujours eu, même à ce moment-là, un intérieur charmant, où rien ne paraissait manquer ? Sans doute, il est toujours beau, l'endroit où l'on retrouve ce qu'on aime ; mais nos chambres avaient leur élégance et leur charme, malgré la pauvreté. Elle trouvait encore moyen de faire des économies, de préparer tout ce qu'il fallait pour te recevoir, toi, Georges, notre premier né. Comment faisais-tu, Jeanne, je me le demande encore. »

Grand'mère qui ne s'attendait pas à cette petite apothéose était mal à l'aise, partagée entre l'émotion et un peu de gêne. Elle ne se croyait aucun mérite et se trouvait simplement une heureuse femme, une heureuse mère. Elle voulut protester, mais ses fils lui prirent chacun une main, l'embrassèrent et tout le monde demande « la suite, la suite ».

« Vous la connaissez, reprit grand-père. Notre vie a été simple ; à peine avons-nous une histoire, puisque nous avons été heureux. Notre travail a prospéré. Vous êtes venus ; nous avons fait de notre mieux pour vous diriger dans le chemin que vous vouliez suivre.

» Nous avons eu nos peines : cette table n'est pas au complet ; plusieurs des nôtres dorment déjà leur dernier sommeil.

» Ces pertes cruelles n'ont pas été les seules. Que de parents, que d'amis disparus ! que de tristesses, de chagrins, de déceptions ! Quand on arrive à la vieillesse, la vie s'est dépouillée comme l'automne qui s'avance vers l'hiver. Nous avons donc souffert, puisque nous vivons depuis longtemps.

» Mais jamais aucune souffrance ne nous a brisés, car nous nous sommes aimés et cette affection a chacun de nous a donné la force de deux. Jeanne, je te dis merci ; je bénis la vie que tu m'as faite ; tu m'as fait croire aux anges gardiens dont parlait autrefois M. le curé. — A la santé de grand'mère ! Vive grand'mère ! »

« Vive grand'mère ! » répètent tous les convives. Les

verres s'entrechoquent ; on se lève, on embrasse les grands-parents ; la fête devient bruyante....

Mais grand'mère est surexcitée ; elle veut absolument parler. « Bonne maman veut faire un speech ! Ecoutez ! écoutez ! » — « Oh ! je ne veux dire qu'un mot ! c'est lui qui a tout fait ! c'est sa bonté, sa force et sa douceur. Comme il a travaillé pour nous donner l'aisance, le bien-être, presque le luxe à la fin ; pour monter peu à peu de son poste de petit ouvrier, puis contremaître, puis chef de section, au rang d'associé à la direction !

» Je l'ai vu à l'œuvre, moi, revenant tous les soirs, pendant tant d'années, si las, mais jamais fâché ni aigri de rien, et toujours content si j'étais contente ! avec lui, comment ne pas l'être. Vous avez raison de vous réjouir et vous pouvez être fiers de porter son nom ; il veut dire : droiture, courage, bonté. — A la santé de grand'-père ! Vive grand-père ! »

L'écho ne se fit pas prier pour répéter « Vive grand'-père ! »

Et quand l'heureuse famille se sépara le soir, chacun de ses membres emportait un de ces souvenirs qui parfument une vie entière.

FIN.

TABLE DES MATIÈRES

VERSAILLES. — IMPRIMERIES CERF, 59, RUE DUPLESSIS.

www.ingramcontent.com/pod-product-compliance
Ingram Content Group UK Ltd.
Pitfield, Milton Keynes, MK11 3LW, UK
UKHW020256250726
13967UKWH00004B/1719

9 782013 056298